HEYNE FILMBIBLIOTHEK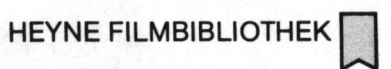

Robert Fischer

JODIE FOSTER

Hollywoods Wunderkind

Originalausgabe

WILHELM HEYNE VERLAG
MÜNCHEN

HEYNE FILMBIBLIOTHEK
32/179

Herausgeber: Bernhard Matt

Für Hansi Jochmann

Copyright © 1993 by Wilhelm Heyne Verlag GmbH & Co. KG, München
Umschlagfoto: Archiv Robert Fischer
Rückseitenfoto: Archiv Dr. Karkosch, Gilching
Printed in Germany 1993
Umschlaggestaltung: Atelier Ingrid Schütz, München
Satz: Satz & Repro Grieb, München
Druck und Bindung: Pressedruck, Augsburg

ISBN 3-453-05975-1

Inhalt

Vorbemerkung

Im Sommer 1972 habe ich in einem Kino in England meinen ersten Film mit Jodie Foster gesehen, NAPOLEON AND SAMANTHA, eine Disney-Produktion, die als Programmfüller in einem Double Feature lief. Ein kleines Mädchen mit langen blonden Haaren und niedlichem Lächeln turnte darin mit dem rothaarigen Jungen aus LIEBER ONKEL BILL auf einem Löwen herum, und am Ende gab es eine Motorradjagd mit Michael Douglas. Drei Jahre später, in Martin Scorseses ALICE DOESN'T LIVE HERE ANYMORE (Alice lebt hier nicht mehr), gab Jodie, inzwischen mit kurzen Haaren und gar nicht mehr mädchenhaft, gemeinsam mit dem kleinen Alfred Lutter ein herrliches Pärchen ab. Von Januar bis April 1976 folgten jeden Sonntagnachmittag im ZDF dreizehn Folgen PAPER MOON; die große Überraschung: Jodie Foster war besser als Tatum O'Neal in dem Kinofilm! (Dafür war Christopher Connelly noch schlechter als Ryan O'Neal.) Seit PAPER MOON – ich bekenne es hiermit offen – bin ich Jodie-Foster-Fan. Ende 1976 dann die Bestätigung: TAXI DRIVER. Scorsese, Schrader, De Niro, Jodie Foster – was für eine Kombination! Solche Offenbarungen vergißt man sein ganzes Leben nicht.

Große Lust, ein Buch über Jodie Foster zu schreiben, hatte ich schon seit THE SILENCE OF THE LAMBS (Das Schweigen der Lämmer), ihrem besten Film seit TAXI DRIVER. Den letzten Anstoß dazu gab aber LITTLE MAN TATE (Das Wunderkind Tate), den ich im November 1991 sah und mit dem sie erstmals auch den Schritt hinter die Kamera gewagt hatte: Jodie Foster ist seitdem nicht nur eine phantastische Schauspielerin, sondern auch eine ernstzunehmende, talentierte, vielversprechende Regisseurin. Und als Künstlerin um so interessanter.

An Jodie Foster persönlich war, wie sich rasch herausstellte, nicht heranzukommen: Sie stand für SOMMERSBY vor der Kamera, Interviews waren auf lange Sicht nicht möglich. Ein japanischer Fotoband aus dem Jahre 1977 war weltweit die einzige Buchveröffentlichung über die Schauspielerin. In der Publikation aus Fernost fand sich immerhin der Hinweis auf das Gespräch, das Andy Warhol Ende 1976 mit der damals Vierzehnjährigen geführt und in seinem Magazin *Interview* veröffentlicht hatte. Eine weitere unschätzbare Quelle: Jodie Fosters eigene Artikel für *Esquire*.

Jodie Fosters Filmographie (inklusive ihrer Fernseharbeit) zu recherchieren, erwies sich komplizierter als erwartet. In einige Quellen hatten sich Filme eingeschlichen (darunter FAST COMPANY von David Cronenberg), in denen nicht Jodie Foster, sondern eine kanadische Schauspielerin namens *Judy* Foster mitwirkte. Irrläufer wie diese, von sorglosen Presseheftschreibern aus unzuverlässigen Nachschlagewerken abgeschrieben, konnten also als solche identifiziert werden. Was aber hatte es mit dem merkwürdigen MESMERIZED, einer neuseeländisch-australisch-britischen Koproduktion aus dem Jahre 1986, auf sich? Und gab es den Film CASOTTO, den Jodie Foster angeblich 1977 in Italien gedreht haben sollte, wirklich? Hat Jodie Foster jemals mit Ken Russell THE BEETHOVEN SECRET gedreht?

Mit der filmographischen Verifizierung war es freilich nicht getan: Die Filme selbst mußten her! (Wie konnten vor der Erfindung der Videocassette überhaupt Filmbücher geschrieben werden?) Mit Hilfe einiger freundlicher Menschen – bei denen ich mich ganz am Ende dieses Bändchens noch namentlich bedanken werde – gelang es schließlich, nicht nur die bekannten Filme, sondern auch so obskure Jodie-Foster-Titel wie MENACE ON THE MOUNTAIN, SVENGALI, THE BLOOD OF OTHERS und tatsächlich auch CASOTTO und MESMERIZED aufzutreiben. Und nach zwanzig Jahren konnte ich auch meine Erinnerung an NAPOLEON AND SAMANTHA anhand einer Videocassette des Films auffrischen. Ganz besonders gefreut habe ich mich, als ich in New York Dennis Hoppers Original-Schnittfassung von BACKTRACK fand, so daß ich für dieses Buch nicht mit der verstümmelten, von Hopper zu Recht geschmähten CATCHFIRE-Version arbeiten mußte. (Nicht sehen konnte ich KANSAS CITY BOMBER, SMILE, JENNY – YOU'RE DEAD, ECHOES OF A SUMMER und O'HARA'S WIFE.)

Im Sommer 1992 hieß es, Jodie Fosters neuester Film, SOMMERSBY, solle im November in den USA anlaufen. Etwa zu jenem Zeitpunkt erwartete der Verlag eigentlich mein Manuskript. Ich war aber entschlossen, SOMMERSBY noch in das Buch aufzunehmen. Der Start des Films verzögerte sich, mein Lektor begann, sanft zu drängen. Anfang Januar meldete sich Warner Bros.: Jodie Foster werde Ende des Monats nach Deutschland kommen, um SOMMERSBY der Presse vorzustellen. Das bedeutete: Ich bekam also doch noch ein Interview! (Ergänzt habe ich es um ein langes Gespräch, das Bernhard von Dadelsen exakt ein Jahr früher für

April 1989: Jodie Foster erhält einen Oscar für THE ACCUSED

eine ASPEKTE-Sondersendung mit Jodie Foster führte und das mir der Autor dankenswerterweise in der unbearbeiteten, also kompletten Fassung für dieses Buch zur Verfügung stellte.) Und Jodie konnte – mit ihrer schwarzen Hornbrille auf der Nase – persönlich etliche Fakten klären, bei denen sich meine Quellen widersprachen.

Ich hoffe, der Leser hat beim Blättern, Schmökern und Schauen in diesem Buch den gleichen Spaß, den ich beim Schreiben hatte.

Vaterstetten, 11. März 1993   *Robert Fischer*

9

Eine Frau wie Jodie Foster

*»She's become, like James Dean and Dennis Hopper,
an icon of cool.«*

RYAN P. MURPHY, *Exposure*

Wie keine andere Schauspielerin ihrer Generation kombiniert
Jodie Foster auf der Leinwand Selbstbewußtsein, Intelligenz und
Erotik. Mit jedem neuen Film, den sie dreht, wird deutlicher, daß
man es hier mit einer Frau zu tun hat, die genau weiß, was sie kann
und was sie will, die aber trotzdem nicht kühl berechnend ihre
Karriere vorantreibt, sondern die Qualität der Rollen und ihre
eigene Integrität zum obersten Maßstab macht. Mit dreißig, in
einem Alter also, in dem viele erst am Beginn ihrer Laufbahn
stehen, ist sie bereits eine Veteranin mit fünfundzwanzigjähriger
Berufserfahrung. Die sagenhafte Bilanz dieser Zeit: 31 Spielfil-
me, rund 50 Auftritte in Fernsehfilmen und -serien, ein Kurzfilm
und ein Langfilm in eigener Regie, eine Oscar-Nominierung (mit
dreizehn Jahren!), zwei Oscars als beste Darstellerin, unzählige
weitere Preise und Auszeichnungen, in den siebziger Jahren ein
gefeierter Kinderstar, heute eine der angesehensten Persönlichkei-
ten Hollywoods. Und man kann sich des Gefühls nicht erwehren,
daß Jodie Foster ihre kreativsten Jahre erst noch vor sich hat.
Ganz egal, welche Rolle Jodie Foster in welchem Film spielt,
immer hebt sie die Figur, die sie verkörpert, weit über das hinaus,
was im Drehbuch angelegt war, und man erlebt eine Symbiose
zwischen Darstellerin und darzustellender Person, einen Ver-
schmelzungsprozeß, der ohne Frage das Ziel jedes Schauspielers
ist. (Welches Risiko mit dem Erreichen dieses Ideals verbunden
ist, erfuhr die Welt, als für jemanden aus dem Publikum Jodie
Fosters Leinwandimage deckungsgleich mit ihrer Person wurde
und diesem Mißverständnis fast der Präsident der USA zum Opfer
fiel.) Dabei zeichnet sich das Spiel der Jodie Foster gerade durch
die Abwesenheit jeglicher Technik aus: Sie ist Autodidaktin, hat
nie eine Schauspielschule besucht, kennt sich weder mit Stanis-
lawski noch mit Strasberg aus, ihre *method* ist ihr Instinkt. Sie
spielt mit der gleichen Selbstverständlichkeit Kellnerinnen und
Künstlerinnen, Arbeiterinnen und FBI-Anwärterinnen, Prostitu-

ierte und Bäuerinnen, sie beherrscht perfekt die verschiedensten Akzente und wechselt Frisur und Haarfarbe von Film zu Film und manchmal sogar mehrfach innerhalb desselben Films. Auch die kleinste Rolle erfüllt sie mit einer Ernsthaftigkeit und einer Intensität (um diesen strapazierten Begriff kommt man bei Jodie Foster nicht herum), die jeden Film, in dem sie mitwirkt – abgesehen vielleicht von einigen wenigen Jugendsünden –, veredelt und per se zu einem Ereignis macht.

Hinter dieser Ernsthaftigkeit und Intensität stecken Persönlichkeit und Charakter. Jodie Foster ist alles andere als der typische weibliche Hollywood-Star, sie ist keine »schöne« Frau wie Michelle Pfeiffer, Julia Roberts oder Kim Basinger, hat nichts Glamourhaftes an sich, und niemand käme auf die Idee, sie als Sexsymbol zu bezeichnen. Und doch gibt es hocherotische Fotos von ihr, vor allem, seit sie für die Cover bekannter Modezeitschriften und Magazine posiert und sich von berühmten Fotografen ablichten läßt. Fotokünstlerin Anni Leibovitz über ihre Erfahrung mit der Schauspielerin: »Die Aufnahmen, die ich von Jodie Foster gemacht habe und die oft von einer leicht arroganten, auch süffisanten und überlegenen Haltung geprägt sind, befriedigen mich noch nicht vollständig. Ich denke, ich habe zwar eine wichtige Seite ihres Charakters getroffen, aber bei dieser Frau spüre ich, daß noch viel mehr und ganz anderes wichtig ist« (*Zoom*, März 1992). Arrogant, süffisant, überlegen – das sind Adjektive, die hauptsächlich den Blick betreffen, jenen klaren, geraden Blick aus hellblauen Augen, der den Betrachter herausfordert, der entschlossen scheint, jedem (Männer-)Blick standzuhalten.

Die Geschichte des Films ist die Geschichte des männlichen Blicks auf Frauen. In THE ACCUSED (Angeklagt) gibt es die lange Rückblende am Ende des Films, in der man sieht, wie Sarah Tobias (Foster) die Blicke der Männer erst auf sich zieht und dann auf brutalste Weise mehrmals vergewaltigt wird. Nicht die Vergewaltigung auf dem Flipperautomaten habe ihr beim Drehen die meiste Pein bereitet, äußerte Jodie Foster in *Premiere* (März 1991), sondern die Szene davor, wenn sie vor den Männern selbstvergessen tanzt. Jodie Foster weiß also um die Mischung aus Exhibitionismus und Verwundbarkeit, die bei jeder Schauspielerin vorhanden ist, und sie weiß, daß diese Mischung etwas Berauschendes, Süchtigmachendes haben kann. Sie verinnerlichte diese Mechanismen, als der Reagan-Attentäter John Hinckley

Dem männlichen Blick ausgeliefert: Jodie Foster als Sarah Tobias in THE ACCUSED...

... als Iris in TAXI DRIVER...

... und als Tallulah in BUGSY MALONE

sie zwang, die Wirkung, die sie als Schauspielerin auf die Zuschauer ausüben kann, zu analysieren. »Ich kam zu dem Schluß«, schreibt sie in *Esquire* (Dezember 1982),»daß gute Schauspieler vor allem gute Lügner sind. Ich hebe meine Brauen, du glaubst, ich sei sexy. Ich lasse meine Augen blitzen, du glaubst, ich sei intelligent. Ein Schauspieler manipuliert ebenso wie ein Nicht-Schauspieler. Ein Schauspieler hat einfach nur ein größeres Repertoire und verfügt über mehr Methoden. Und er muß mehr Menschen manipulieren. Aber der furchterregendste Gedanke ist der, daß wir, wenn wir mit der Kamera flirten, wenn wir sie beleidigen oder ihr schmeicheln, ja nicht nur ein gläsernes Objektiv manipulieren. Wir sprechen zu zehn, zwanzig oder vielleicht dreißig Millionen Menschen. Wir manipulieren und beeinflussen sie alle mit jeder sorglosen Geste und jedem glatten Lächeln. Ein Mann kann ein Poster kaufen, es in seinen Spind heften, das aufreizend posierende Starlet betrachten und sich in seiner Phantasie jedes Detail vorstellen. Er wird die Frau bald durch und durch kennen. Er wird ihre äußere Realität in Besitz nehmen. Das heißt: *Selbstverständlich* ›kannte‹ Hinckley mich. Diese Frau auf der Leinwand kramte in ihrer Trickkiste und präsentierte sich so, daß jeder zu ihr Zugang hatte, sie zu kennen glaubte, sie mit nach Hause nehmen konnte. Die faszinierendsten Schauspieler sind die, die sich nicht vollständig öffnen und etwas – was immer das auch sein mag – für sich selbst bewahren. Sie sind gleichzeitig berührbar und unberührbar, erreichbar und unerreichbar, vertraut und geheimnisvoll, Freund und Fremder. Und die Leute fühlen sich von etwas, das sie nicht richtig ›besitzen‹ können, zugleich angezogen und in extremem Maße verstimmt, ob das nun ein Stück Schokoladentorte, ein Multi-Millionen-Dollar-Konzern oder eine unnahbare junge Schauspielerin ist. […] Liebe existiert nicht ohne Gegenseitigkeit, ohne Umarmung, ohne Gedankenaustausch, ohne das Zusammenspiel zweier Herzen, zweier Seelen, zweier Körper. Begierde bedeutet Schmerz und ein Verlangen nach etwas, das es nicht gibt. John Hinckleys größtes Verbrechen bestand darin, zwischen Liebe und Begierde nicht unterschieden zu haben. Daß er die Liebe trivialisiert hat, werde ich ihm nie verzeihen können.«

John Hinckley hatte Jodie Foster – wie wir alle – in TAXI DRIVER entdeckt, in dem das damals zwölfeinhalbjährige Mädchen einmal nicht die muntere Disney-Göre spielte, sondern als »Iris« auf den

16

Die Lolita-Phase: Jodie Foster 1975 (Publicity-Foto)

17

Babystrich ging. Für den Taxifahrer Travis Bickle (Robert De Niro) ist die Begegnung mit Iris Auslöser für einen Amoklauf (sein Attentat auf einen Präsidentschaftskandidaten war zuvor gescheitert). Er stürmt das Bordell, schießt Iris' Zuhälter und ihre Kunden über den Haufen, richtet ein Blutbad an, und als er sich selbst erschießen will, ist keine Kugel mehr im Lauf. Iris, die Travis in einer früheren Szene im selben Zimmer ganz geschäftsmäßig fragte, wie er es denn besorgt haben möchte, hockt auf dem Sofa und weint. Und die Kamera erfaßt die ganze breughelsche Szenerie vertikal von oben wie aus dem Blickwinkel eines kalten, mitleidlosen Gottes.

Die Beunruhigung, die TAXI DRIVER im Betrachter auslöst, ist darin begründet, daß man Travis Bickle zwar von Anfang an als paranoid und gemeingefährlich erkennt, einen Teil seiner Motivationen und Reaktionen aber sehr gut nachvollziehen kann – vor allem die Beschützerinstinkte, die das Mädchen Iris in ihm weckt. In der Szene im Diner, wenn man Iris erstmals nicht als Lolita aufgemacht sieht, sondern ungeschminkt und als ganz normales Mädchen, ist die Identifikation mit Travis Bickle am vollkommensten: Ganz sanft und fast beschwörend versucht er Iris klarzumachen, daß sie von ihrem Zuhälter Sport nur ausgenutzt wird und doch lieber wieder zurück zu ihren Eltern nach Ohio gehen soll. Und was macht Iris? Sie setzt sich eine scheußliche grüne Plastiksonnenbrille auf, fragt ihn, ob er noch nie etwas von Women's Lib gehört habe, nennt ihn spießig, streut sich Zucker aufs Marmeladenbrot und erklärt, es gehe ihr wunderbar, denn Sport sei Waage wie sie, und Travis sei sicher Skorpion, das sei sein Problem. Zum erstenmal entwaffnet Jodie Foster einen Mann durch ihr (hier noch mit Naivität gepaartes) Selbstbewußtsein, entzieht sie sich seinem Willen. (In der nächsten Szene läßt sie sich freilich die besitzergreifende Umarmung ihres Zuhälters Sport, gespielt von Harvey Keitel, durchaus gefallen. Dennis Hopper wird in einer Szene von BACKTRACK Keitels Gesten und Worte übrigens nahezu exakt wiederholen.)

Diese große Szene zwischen Jodie Foster und Robert De Niro ist die erste in einer ganzen Reihe von ähnlichen Konfrontationen, die sich quer durch das Œuvre der Schauspielerin ziehen. In BACKTRACK und in THE SILENCE OF THE LAMBS (Das Schweigen der Lämmer) hat sie es mit kaltblütigsten Mördern zu tun, der eine, Milo (Dennis Hopper), ein Auftragskiller, zwingt sie, sich vor

»Daddy« und der Beschützerinstinkt: Iris (Jodie Foster) mit Zuhälter Sport (Harvey Keitel) in Taxi Driver…

seinen Augen Reizwäsche anzuziehen, der andere, der Kannibale Dr. Hannibal Lecter (Anthony Hopkins), zieht sie, durch Panzerglas oder Gitterstäbe von ihr getrennt, mit seinen Blicken aus und versucht, nicht körperlich, sondern mit psychologischer Finesse in ihr Innerstes einzudringen. Aber beide Male erweist sie, dieses kleine, zierliche Persönchen, sich als dem männlichen Aggressor gewachsen, sie pariert dessen Blicke, wie man Schwerthiebe pariert, und schlägt die anderen letztendlich mit ihren eigenen Waffen, Milo mit ihrer Sexualität, Lecter mit ihrem Intellekt. Ähnlich verhält es sich bei den psychologischen Duellen mit sexueller Implikation, die sich Jodie Foster mit Frank Hallett (Martin Sheen) in THE LITTLE GIRL WHO LIVES DOWN THE LANE (Das Mädchen am Ende der Straße), mit Anton Bosnyak (Peter O'Toole) in SVENGALI (Obsession – Die dunkle Seite des Ruhms), mit Oliver Thompson (John Lithgow) in MESMERIZED und mit Heinz Sabantino (John Turturro) in FIVE CORNERS (Five Corners/Pinguine in der Bronx) liefert. Fast immer sind es Psychopathen, die sie sich vom Leib halten muß.

Die Rolle der Iris in TAXI DRIVER enthielt bereits vieles von dem, was sich später zur Leinwand-Persona Jodie Fosters entwickeln sollte. Die Schauspielerin selbst hat ihr bevorzugtes Rollenfach sehr klarsichtig beschrieben: »Bei jeder Rolle, die ich annehme, geht es um eine Frau, die es verdient hat, erlöst oder gerettet zu werden. Man nimmt sich einer Person an, die leblos ist, und holt sie ins Leben zurück. Das kann eine Frau sein, deren Vertrauen mißbraucht oder die enttäuscht wurde, der übel mitgespielt wurde, die gequält oder zum Opfer gemacht wurde, eine Person, die nicht besonders intelligent ist – man füllt diese Figur aus und bewahrt sie davor, in eine Schublade gesteckt oder ignoriert zu werden. Das ist wie eine Mission, eine Rettungsaktion. Unter diesen Gesichtspunkten betrachte ich die Charaktere, die ich spiele. Ich frage mich: Wen will ich retten? Was für Frauen werden von den Leuten normalerweise nicht beachtet? Von welcher Frauen sagt man, ›die ist nun mal so‹? Auf wen blicken die anderen herab? Das sind genau die Personen, denen ich Gestalt verleihen möchte, denn ich glaube an sie« (*American Film,* November/Dezember 1991). Das gilt für Iris in TAXI DRIVER ebenso wie für Donna, das Mädchen, das sich in CARNY (Jahrmarkt) dem Rummel anschließt, für Franny, die in THE HOTEL NEW HAMPSHIRE (Hotel New Hampshire) von einer ganzen Footballmannschaft vergewal-

... und Jeanie (Jodie Foster) mit ihrem entfremdeten Vater (Adam Faith) in FOXES

tigt wird, für die Waise Victoria, die in MESMERIZED von ihrem Mann gequält wird, für Linda, die in FIVE CORNERS zum Opfer eines Psychopathen wird, natürlich für Sarah Tobias in ACCUSED, aber auch für die alleinerziehende Mutter Dede in LITTLE MAN TATE (Wunderkind Tate), für die Hure in SHADOWS AND FOG (Schatten und Nebel) und sogar für die vermeintliche Kriegerwitwe Laurel Sommersby, in dessen Haus und Bett sich plötzlich ein fremder Mann einnistet. In einigen dieser Filme – hauptsächlich THE HOTEL NEW HAMPSHIRE, THE ACCUSED und LITTLE MAN TATE – verläßt die Figur ihre Position als Opfer, um entweder sich selbst zur Wehr zu setzen, sich zu rächen oder zu behaupten, oder um sich ihrerseits für andere Chancenlose einzusetzen und stark zu machen. Auch Jeanie in FOXES (Jeanies Clique), Nancy in SIESTA (Siesta) und vor allem Clarice Starling in THE SILENCE OF THE LAMBS, deren oberstes Ziel es ist, die entführte Senatorentochter lebend aus den Klauen des Killers zu befreien, sind Frauen, die für andere Frauen kämpfen oder ihnen zumindest beistehen. Jodie Foster: »Ich neige dazu, mich immer mit den Verlierertypen zu identifizieren, nie mit den Gewinnern. Entweder will ich sie selbst auf der Leinwand darstellen oder in Filmen mitwirken, die auf ihrer Seite stehen und etwas über sie zu sagen haben. Es gibt bestimmte unterbewußte Pfade, die man einschlägt. Ich mag es, Probleme über die Fiktion zu lösen. Sicher könnte jetzt jemand sagen: ›Warum löst du die Probleme nicht über das wirkliche Leben?‹ Aber das ist mein Job, mein Beruf. Diese Arbeit ist mir sehr wichtig, sie ist sehr persönlich« (*Premiere,* März 1991).

Im »wirklichen Leben« wuchs Jodie Foster ohne Vater auf, was für sie laut eigener Aussage nie ein Problem darstellte. Die Abwesenheit der Kernfamilie, also eines aus Vater, Mutter und Kind(ern) bestehenden Verbunds, ist folgerichtig eine weitere Konstante im Werk der Schauspielerin. Schon in frühen Filmen wie KANSAS CITY BOMBER (Round Up), ONE LITTLE INDIAN (Ein Kamel im Wilden Westen) und ALICE DOESN'T LIVE HERE ANYMORE (Alice lebt hier nicht mehr) gibt es nur eine Mutter, aber keinen Vater, in TOM SAWYER (Tom Sawyers Abenteuer) ist es umgekehrt, und in THE LITTLE GIRL WHO LIVES DOWN THE LANE lebt die dreizehnjährige Rynn ganz allein: die Leiche der Mutter liegt im Keller. In CANDLESHOE (Abenteuer auf Schloß Candleshoe) ist sie ein Waisenkind, in CASOTTO (Strandgeflüster) sieht man nur ihre Großeltern, und in MOI, FLEUR BLEUE lebt sie mit

Vergewaltigungsopfer: Jodie Foster als Franny Berry in THE HOTEL NEW HAMPSHIRE...

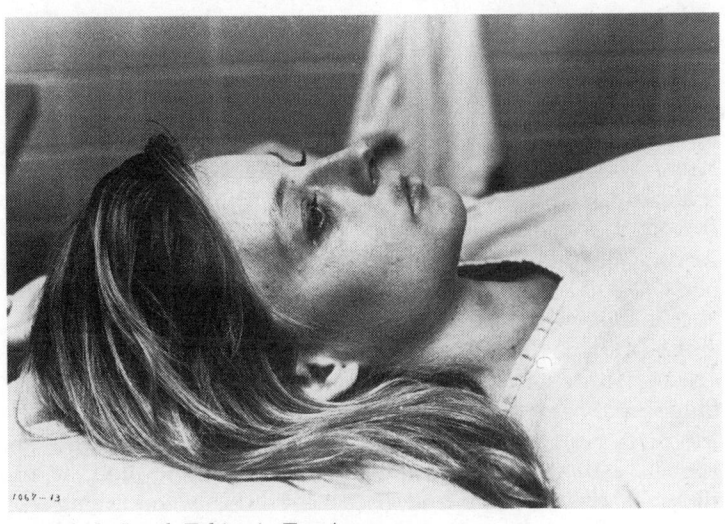

... und als Sarah Tobias in THE ACCUSED

23

ihrer Schwester zusammen. In FOXES ist sie das Kind geschiedener Eltern, in MESMERIZED wird sie gleich nach der Geburt von ihrer Mutter getrennt und ins Waisenhaus gesteckt. THE HOTEL NEW HAMPSHIRE ist eine ebenso trügerische Ausnahme wie SOMMERSBY (Sommersby): Obwohl ersterer die Chronik einer Familie darstellt, geht es doch hauptsächlich um die Idee der *Zerstörung* eben dieser Familie, denn am Ende sind Mutter und jüngster Bruder bei einem Flugzeugabsturz ums Leben gekommen, die jüngere Schwester hat sich aus dem Fenster gestürzt, der Vater ist blind, und Franny (Foster) hat mit Bruder John den Inzest vollzogen. Und in SOMMERSBY hat es zwar den Anschein, als finde hier die durch den Bürgerkrieg getrennte Familie wieder zusammen, aber am Ende ist Laurel wieder allein und sitzt am Grab eines Mannes, den sie zwar liebte, der aber nur so tat, als sei er ihr verschollener Ehemann.

Dennoch scheint SOMMERSBY (1993), Jodie Fosters jüngster Film, den Beginn einer neuen Phase im Werk dieser Schauspielerin zu markieren. Zwei Dinge sprechen dafür: einmal die Tatsache, daß sie hier erstmals in einer klassischen Liebesgeschichte mitwirkt (für die Romanze zwischen ihr und dem falschen Jack Sommersby, gespielt von Richard Gere, gibt es in keinem der dreißig früheren Filme mit Jodie Foster eine Parallele); und zum anderen fällt auf, daß jeder der drei vorhergehenden Filme – BACKTRACK, THE SILENCE OF THE LAMBS und LITTLE MAN TATE (die Gastrolle in SHADOWS AND FOG kann hier ausgeklammert werden) – die Kulmination eines ihrer konstanten Themen darstellt. Anne Benton in BACKTRACK ist das endgültige Objekt der Begierde, der Killer Milo verfolgt sie, jagt sie, spürt sie auf, stellt sie vor die Wahl, zu sterben oder mit ihm zu leben. Milo ist die Apotheose früherer Foster-Fanatiker und Sexbesessener wie Travis Bickle, Frank Hallett, Oliver Thompson, Heinz Sabantino und den Männern in THE ACCUSED. Und: Zum erstenmal gibt es ein – wenn auch unglaubwürdiges – »Happy-end«, denn zum Schluß erwidert Anne Milos Gefühle! Clarice Starling in THE SILENCE OF THE LAMBS ist die endgültige feministische Heldin (im Fosterschen Sinne), die ihre Geschlechtsgenossin allein aus der Höhle des Monsters befreit; in ihr verbinden sich viele bisherigen Foster-Protagonistinnen, die Opfer, die potentiellen Opfer und die zurückschlagenden Opfer, zu einer sehr zerbrechlichen, wenig erotischen, aber hochintelligenten und äußerst mutigen jungen Frau.

Gegen jede Konvention: Jodie Foster als Clarice Starling in THE SILENCE OF THE LAMBS...

... und als Laurel Sommersby in SOMMERSBY

Seltenes (und kurzes) Familienglück: Jodie Foster mit Richard Gere und Neugeborenem in SOMMERSBY

Dede Tate und ihr Sohn Fred in LITTLE MAN TATE schließlich bilden die endgültige *non-nuclear family;* Kellnerin Dede – die vierte Kellnerin in Jodie Fosters Œuvre – ist eine tapfere, kämpferische, alleinerziehende Mutter, auf die Jodie Fosters vaterlose Töchter in ALICE DOESN'T LIVE HERE ANYMORE oder FOXES schon vorzubereiten schienen.

Drei mögliche Endpunkte und zwei definitive Neuanfänge – die erste eigene Spielfilmregie LITTLE MAN TATE und der thematisch überraschende SOMMERSBY – machen neugierig auf den Weg, den eine Frau wie Jodie Foster als Schauspielerin und als Regisseurin in den kommenden Jahren einschlagen wird. Eines ist sicher: Enttäuschen wird sie nicht. Denn längst ist Jodie Foster zu einer Ikone der amerikanischen Kultur geworden, zu einer Ikone, die gleichzeitig berührbar und unberührbar, erreichbar und unerreichbar, vertraut und geheimnisvoll ist wie einst James Dean.

»Vielleicht bin ich doch verwundbar...«

Interview mit Jodie Foster

Ist es richtig, daß Ihre Großeltern aus Deutschland stammen?

Ja.

Aber Sie sprechen kein Deutsch.

Nein, ich spreche Französisch und Italienisch. Ich wünschte, ich hätte auch eine nichtromanische Sprache gelernt. An der Universität wurde ein Deutschkursus angeboten, wo man aber nicht das Sprechen gelernt hätte, sondern nur das Verstehen deutscher Texte. Ich bin am ersten Tag hingegangen, habe aber einen Mordsschrecken bekommen, weil es mir so schwer vorkam.

Sieht man einmal von Woody Allens SHADOWS AND FOG (Schatten und Nebel) ab, ist Jon Amiels SOMMERSBY nun der erste Film nach Ihrem Regiedebüt LITTLE MAN TATE (Das Wunderkind Tate), in dem Sie »nur« Schauspielerin sind. Hat sich durch Ihre eigene Regieerfahrung etwas geändert? Haben Sie gemerkt, daß Sie Ihrem Regisseur jetzt kritischer gegenüberstanden?

Vielleicht ein bißchen, ja. Aber weil ich schon so lange als Schauspielerin vor der Kamera stehe, bin ich natürlich sehr versessen darauf, genau zu wissen, was in welchem Moment am Drehort passiert und warum. Das Filmemachen ist meine Leidenschaft, mich interessiert jeder Aspekt: wieviel dieses oder jenes kostet, warum soviel Geld verschwendet wird, weshalb ich in der einen Einstellung zu sehen bin und nicht in der anderen, wo der Regisseur schneiden will und so weiter. Ich möchte natürlich, daß das als besonders starke Kooperationsbereitschaft aufgefaßt wird. Ich wollte aber nicht mein eigener Regisseur sein, ich war sehr froh, unter der Regie eines anderen spielen zu können. Die Schauspielerin in mir liebt die Arbeit mit dem Regisseur. Daß ich immer über alles Bescheid wissen will, fassen manche natürlich als Kritik auf, aber mit Jon Amiel habe ich mich gut verstanden. Für Richard Gere gilt übrigens das gleiche, auch er ist schon so lange im Geschäft und kennt sich in allen Bereichen des Filmemachens aus, und ich kann nur hoffen, daß unsere Art am Drehort für den Regisseur eher hilfreich als irritierend ist.

Hatten Sie nach einem Stoff wie SOMMERSBY gesucht? Denn ein Liebesfilm in dieser reinen Form ist für Sie ja etwas völlig Neues.

Gesucht habe ich nicht danach, aber eine Geschichte dieser Art stand sicher auf meiner Wunschliste. Ich denke, meine Arbeit bewegt sich seit einiger Zeit in Richtung einer größeren Ausgeglichenheit, die Frauen, die ich spiele, sind etwas älter und befinden sich nicht mehr mitten in einer großen Krise, in einer Phase des Leidens, sie befinden sich jetzt am anderen Ende des Tunnels, haben das Licht erreicht.

Jon Amiel ist nach Alan Parker, Adrian Lyne, Anthony Harvey und Tony Richardson schon der fünfte britische Regisseur, mit dem Sie gearbeitet haben, außerdem haben Sie in Frankreich und Italien vor der Kamera gestanden. Gibt es Unterschiede zwischen der Arbeitsweise dieser Europäer und amerikanischen Regisseuren wie, sagen wir, Kaplan oder Demme?

Nein, ich glaube nicht, daß es da bemerkenswerte Unterschiede gibt. Der Unterschied betrifft die Systeme: In Europa trägt ein Film – so war es jedenfalls früher, ob das heute noch zutrifft, weiß ich nicht – die Handschrift seines Regisseurs, man erkennt sofort, ob es ein Film von Milos Forman, Louis Malle, Lelouch oder Fassbinder ist. In den USA geht es den Studios heute gerade darum, jede Art von persönlicher Handschrift zu eliminieren. Die Entscheidungen werden von Aufsichtsratsgremien gefällt, die eine Liste von Regisseuren vor sich haben, und der erstbeste kriegt den Zuschlag, egal, ob er schon einmal so eine Art von Film gedreht hat oder an dem Stoff überhaupt interessiert ist. Nur wenige können innerhalb eines solchen Systems einen persönlichen Stil entwickeln: Spike Lee gehört dazu, und sicher immer schon Martin Scorsese. Das Schizophrene ist: Man gibt jemandem wie Jon Amiel nur zu gerne die Chance, einen Film in den USA zu drehen, weil sein Debüt in England, QUEEN OF HEARTS (Liebe, Rache, Capuccino), eine dermaßen unewöhnliche Handschrift trug; andererseits hätte er QUEEN OF HEARTS in den USA so nie realisieren können.

Auch LITTLE MAN TATE war für Hollywood-Begriffe eine Außenseiterproduktion, und selbst SOMMERSBY erfüllt nicht gerade die Bedingungen von Kassenschlagern wie WAYNE'S WORLD oder

SOMMERSBY: *Jodie Foster, Richard Gere*

TERMINATOR. *Gehen Sie dem programmierten Massenerfolg bewußt aus dem Weg?*

Ich mag Filme mit guten Geschichten, das ist alles. Und für diesen Film wäre ein Happy-end einfach nicht passen, Kassengift hin oder her. Die Geschichte von SOMMERSBY verlangte nun einmal nach einem ähnlichen Ende wie Dickens' *Geschichte zweier Städ-*

te, es ist die gleiche Art von Geschichte. Zum Glück ist es uns gelungen, das zu bewahren und durchzuboxen. THE SILENCE OF THE LAMBS (Das Schweigen der Lämmer) funktionierte übrigens in der einen wie in der anderen Richtung, er fand – vielleicht überraschenderweise – ein Massenpublikum, war aber trotzdem ein sehr guter Film. Ich glaube nicht daran, daß man einen besonders schlechten Film machen muß, damit die Leute hineingehen. Ich denke, das Publikum weiß Qualität sehr wohl zu schätzen, es reagiert positiv auf gute Charaktere. Es gibt keinen Grund, das Publikum zu verachten. Bei SOMMERSBY trauen wir den Zuschauern sogar eine ganze Menge zu: Wer hier nicht mitdenkt, wird nur den halben Spaß an der Sache haben. Insofern ist es natürlich wirklich kein Mainstream-Movie.

Was muß eine Figur haben, damit Sie Ihre Aufmerksamkeit erregt, wenn Sie ein Drehbuch lesen? Worauf achten Sie?

Die Figur muß mir dreidimensional erscheinen, sie muß mit persönlichen Merkmalen ausgestattet sein, mit denen ich mich identifizieren kann. Das muß nicht bedeuten, daß ich das Leben dieser Figur schon einmal gelebt oder überhaupt irgend etwas mit dieser Person zu tun haben muß, sondern ich brauche nur irgend etwas, das ich als sehr persönliche Verbindung zwischen dem fiktiven Leben dieser Figur und meinem eigenen Leben betrachten kann.

LITTLE MAN TATE ist so überzeugend, weil er auf Charakteren aufgebaut ist und nicht auf Effekten. Das ist in amerikanischen Filmen inzwischen eine Seltenheit geworden.

Ja, da könnten Sie recht haben, es gibt sicher verschiedene Arten, wie in den USA Filme gemacht werden, und in gewisser Weise hatte ich mit allen schon zu tun. Da gibt es die Independents, also die sehr preiswert und unabhängig von großen Studios produzierten Filme mit Budgets zwischen 200.000 und drei Millionen Dollar, dann gibt es eine Zwischenkategorie, in die, wie ich glaube, mein Film fällt, wo einem die Gelegenheit gegeben wird, eine wahrhaftige Geschichte zu erzählen, die nicht nach irgendwelchen erprobten Mustern gestrickt sein muß, und dann eben die Filme, die, weil sie so teuer sind, einen gewissen Massengeschmack befriedigen müssen, die ich persönlich aber nicht besonders reizvoll finde.

LITTLE MAN TATE: Jodie Foster hinter der Kamera

Mußten Sie sich verpflichten, in ihrem Regiedebüt auch als Schauspielerin aufzutreten? Hätten Sie den Film sonst überhaupt machen können?

Ganz sicher hätte ich als Schauspielerin und Erstlingsregisseurin das Projekt nie finanziert bekommen, wenn ich nicht auch darin mitgespielt hätte. Möglicherweise doch, aber dann nur mit einem winzigen Budget. Das Drehbuch kursierte schon seit langem, und wenn die Produktionsfirma Orion, die anders operiert als die meisten anderen amerikanischen Studios, dem Projekt schließlich grünes Licht gab, dann wegen einer ganzen Reihe von Revisionen, wegen dem Unterschied zwischen dem ursprünglichen Drehbuch und der Vorstellung, die wir alle von dem fertigen Produkt hatten.

Was haben Sie zu dem Drehbuch beigesteuert?

Nun, bei so einem Film ist ja mehr oder weniger alles eine Gemeinschaftsarbeit, die Aufgabe eines Regisseurs ist es, mit allen anderen zusammenzuarbeiten. Ich habe selten mehr Teamwork erlebt als bei diesem Film. Das Drehbuch hatte seit zehn Jahren bei den verschiedensten Studios die Runde gemacht, aber

31

eine Sache war schon ganz zu Anfang darin enthalten, und das ist das Verhältnis zwischen der Mutter und ihrem Sohn, diese sehr starke Liebe zwischen ihnen, diese Art von Tanz, die romantische Seite ihrer Beziehung, die emotionale Qualität dieser Beziehung – all das zeichnete das Drehbuch von Anfang an aus. Was ich hauptsächlich veränderte, war die Stimmung des Ganzen.

Inwiefern? Auf welche Stimmung waren Sie aus?

Ich wollte, daß die ganze Sache echt wirkt. Was mich im Kino am meisten bewegt, sind Filme, bei denen plötzlich die Wirklichkeit durchscheint. Ich wollte nicht, daß die witzigen Szenen den Gefühlen keinen Raum mehr ließen, und ich wollte auch nicht, daß die ernsten Szenen zu theatralisch und melodramatisch wirkten. Es ging also darum, ein Gleichgewicht herzustellen, und genau davon handelt auch der Film, der ja die Geschichte eines Jungen ist, der verzweifelt versucht, ein Gleichgewicht zwischen zwei Seiten seines Wesens herzustellen.

Das Austarieren widersprüchlicher Elemente ist ein traditionelles Problem des Künstlers überhaupt.

Stimmt. Ich erhebe keinen Anspruch auf Originalität! *(lacht)* Wenn ich mich mit Leuten über den Film unterhalte, stelle ich fest, daß er mythische Themen behandelt, die so alt sind wie die Welt. Ich bin wahrhaftig nicht die erste, die sie zur Sprache bringt, aber es gibt sicher Gründe dafür, weshalb sie in unserem Unterbewußtsein so präsent sind.

Interessieren Sie sich für binäre Gegensätze?

Ja, ich denke, das ist der Kernpunkt dieses Films: Dieser Junge schwankt zwischen zwei verschiedenen Seiten seiner Persönlichkeit, und jede der beiden Frauen verkörpert eine dieser Seiten. Es geht um die binären Gegensätze, die man unter »männlich« und »weiblich« versteht, unter horizontal und vertikal. Die Mutter steht für Phantasie und Farbe, für Tanz und Bewegung, für alles Formlose. Die Pädagogin Jane Grierson dagegen, gespielt von Dianne Wiest, repräsentiert den Rahmen für das Gemälde, die Choreographie für den Tanz, also alles, was es einem erst erlaubt, sich auszudrücken. Kunst besteht aus beidem, man muß lernen, beides anzuerkennen, ein Gleichgewicht zu schaffen.

Ganz zu Beginn berichtet Fred Tate, wie seine Mutter gern be-

LITTLE MAN TATE: Dianne Wiest, Adam Hann-Byrd, Jodie Foster

haupte, er sei aus einer unbefleckten Empfängnis entstanden. Ist dies ein Film über die Abwesenheit der Männer?

Ich glaube nicht, daß es ein Film *über* die Abwesenheit des Vaters ist, denn ich kann mir nicht vorstellen, daß ein siebenjähriges Kind im wirklichen Leben über das reden würde, was nicht vorhanden ist. Ich glaube, es geht um die Anwesenheiten in seinem Leben, und das sind diese beiden Frauen, sie haben ihn geformt und geprägt. Die Abwesenheiten sind im Film zwar angedeutet, aber nur sehr subtil, etwa in seiner Beziehung zu anderen Jungen, in der Art, wie er sich sehnlichst einen Freund wünscht, wie er an dem älteren Freund hängt, mit ihm Pool spielt, alles mit ihm machen will und viel zu viel von dieser Freundschaft erwartet – nämlich einen Ausgleich des Mangels an männlichen Bezugspersonen. Aber mir war bei dem Film wichtig, daß Fred sich nicht hinsetzt und anfängt zu jammern, wie sehr ihm sein Vater fehlt. Wenn man keinen Vater hat, hat man eben keinen, und man denkt nicht groß darüber nach.

Amerika als vaterlose Gesellschaft – diesem Aspekt begegnet man in Ihren Filmen überraschend oft.

Ja, das stimmt wohl, aber ich muß Ihnen sagen, daß das in den

33

LE SOUFFLE AU CŒUR: Benoît Ferreux, Lea Massari

USA ein Faktum ist, und ich wundere mich, daß es in Europa nicht auch so ist. Der Statistik nach sind 68 Prozent aller amerikanischen Familien unvollständig. Ich selbst bin auch nicht von einer »normalen« Familie geprägt worden. Ich habe als Kind sehr viel Zeit damit zugebracht zu versuchen, normal zu sein, wie alle zu sein, bis ich als Erwachsene dann endlich merkte, daß es mir eigentlich gar nicht daran ging, normal zu sein, ich wollte einfach nur eine gesunde Einstellung zum Leben haben.

Befriedigt die Arbeit als Regisseurin Ihren Wunsch nach Kontrolle mehr als die Arbeit als Schauspielerin?

Ganz bestimmt mehr als die Schauspielerei. Denn als Filmemacher hat man die Vision, man hat den Überblick übers Ganze. Aber die Schauspielkunst hat eine Seite, auf die ich wahrscheinlich nie verzichten könnte, und das ist die Freiheit in der Darstellung. Gerade jemand wie ich, der viel Wert auf Selbstkontrolle, auf Analyse legt und nur mit der linken Gehirnhälfte arbeitet, braucht etwas, das ihn aus sich heraus gehen läßt, ihn befreit.

LITTLE MAN TATE wirkt auf bestimmte Weise sehr europäisch. Mögen Sie europäische Filme, französische Filme?

LITTLE MAN TATE: Adam Hann-Byrd, Jodie Foster

Ja, natürlich, eigentlich schon immer, ich bin mit europäischen Filmen aufgewachsen. Das europäische Kino ist mir vertrauter als das amerikanische. Und vieles von der Stimmung des Films ist vielleicht ganz unbewußt europäisch, einiges natürlich auch sehr bewußt.

Kennen Sie Truffauts Filme?

Selbstverständlich. Und wir haben uns all diese Filme vor Drehbeginn noch einmal angesehen – LES 400 COUPS (Sie küßten und sie schlugen ihn), Louis Malles LE SOUFFLE AU CŒUR (Herzflimmern)… Ich sehe den Film in dieser Tradition. Nicht so sehr im Sinne einer französischen Tradition, denn der Film ist doch sehr amerikanisch, sondern im Sinne der Autorenkino-Tradition. Denn es geht um autobiographische Wahrheiten. Nicht so sehr um Fakten, aber um Wahrheiten.

Stört es Sie, wenn man LITTLE MAN TATE mit Ihrem eigenen Leben vergleicht und ihn als Hommage an Ihre Mutter betrachtet?

Nein, eigentlich nicht. Ich stehe seit 25 Jahren im Licht der Öffentlichkeit, und die Leute sagen über mich sowieso, was sie wollen, also auch über meine Arbeit. Manchmal treffen sie den

Nagel auf den Kopf, manchmal nicht. Aber ich würde mich in dem Fall gar nicht einmal mißverstanden fühlen, denn ich glaube, es stecken tatsächlich viele autobiographische Elemente in dem Film. Als Schauspielerin muß man sich aber auch damit abfinden, mißverstanden zu werden. Ich habe mich damit abgefunden.

Wir sprachen vorhin über das Ausbalancieren von zwei Seiten. Wie finden Sie das Gleichgewicht zwischen Ihrem Privatleben und Ihrem öffentlichen Image? Was brauchen Sie dazu? Mußten Sie lange daran arbeiten?

Ich glaube, das betrifft nicht nur das Öffentliche und das Private, sondern jeden Aspekt des Lebens. Es gehört zur Persönlichkeitsentwicklung dazu, und zwar bei jedem Menschen. Ich hatte über zwanzig Jahre, um zu üben, wie ich mein öffentliches Image und mein wirkliches Wesen in Einklang bringe.

War Ihre Mutter sehr wichtig in Ihrem Leben? Ist sie immer noch Ihre Managerin?

Ja, sicher ist sie sehr wichtig für mich. Und sie redet bei meiner Karriere immer noch mit, denn mir ist sehr an ihrer Meinung gelegen, und ich schätze ihren Instinkt. Sie hat ein gutes Gespür für Drehbücher und weiß immer sofort, wieso sie funktionieren oder nicht funktionieren. Sie hat mich sicher stark beeinflußt, und es macht mir überhaupt nichts aus, das zu sagen. Natürlich hängt das damit zusammen, daß sie alleinerziehend war. Wenn man nur eine Bezugsperson hat, entsteht eine viel kompliziertere, intimere, vielschichtigere Beziehung.

Wie oft haben Sie Ihren Vater gesehen?

So gut wie nie. Ein paar Male vielleicht. Aber wie gesagt: Warum soll ich über etwas reden, was nicht vorhanden ist?

Würden Sie sagen – lachen Sie jetzt bitte nicht –, daß Sie in einer feministischen Umgebung aufgewachsen sind?

Ja, absolut! Warum sollte ich lachen? Komisch, aber seit einiger Zeit braucht man nur das Wort Feminismus fallenzulassen, und schon wird man ungläubig angeschaut, so daß man schnell hinzufügt: »Das meine ich natürlich nicht ernst!«, als sei Feminismus eine Art schmutziger gelber Fleck an den Händen. In Wahrheit ist der Feminismus, den ich kenne, eine Form von Humanismus. Und das schönste, was der Feminismus und die damit verbundenen Theorien mir gebracht haben, sind Offenheit und Menschlichkeit. Daran kann eigentlich nicht viel verkehrt sein.

THE SILENCE OF THE LAMBS ist in gewisser Weise ein sehr feministischer Film.

Ganz sicher. Und der Regisseur von THE SILENCE OF THE LAMBS ist ein sehr feministischer Mann. Er ist der feministischen Tradition verpflichtet wie kaum ein anderer. Ich glaube, der Film besitzt eine ausgesprochen weibliche Sensibilität, ebenso wie Jonathan Demme.

Sie haben einmal gesagt, dieser Film habe mehr für die Frauen getan als sämtliche öffentlichen Kampagnen zur Gleichberechtigung.

Ich weiß nicht, ob ich es so formuliert habe, aber was ich meinte, ist folgendes: In diesem Film gibt es einen mythischen Helden, und es ist eine Frau. Das hat es im Kino noch nicht oft gegeben, daß eine Frau die Tradition mythischer Helden fortsetzt. Normalerweise rennen die Heldinnen in Unterwäsche herum und werden von den Monstern gejagt, oder sie sind aufgeblasene weibliche Rambo-Verschnitte. Und was an dieser Heldin, Clarice Starling, so fasziniert, ist, daß sie alle Merkmale der folkloristischen Mythologie erfüllt: Sie kommt vom Lande und zieht los, um Dämonen und Gnomen zu begegnen, sie betritt den dunklen Wald der Prüfungen und stellt sich ihren eigenen Ängsten, erschlägt den Drachen und befreit die Prinzessin. Aber nichtsdestoweniger mißt sie nur 1,60 Meter, und ihre Waffen sind nicht Muskeln und Gewehre, sondern Einfühlungsvermögen, Mitleid und Liebe, und das macht sie zu einem echten weiblichen Helden. Daß die Besetzungsliste eines Films, der so viel Geld eingespielt hat, von einer Frau angeführt wurde, wird das Bild der Frau im Film stärker verändern als ein Film über feministische Themen.

Jonathan Demme hat betont, daß Sie ihm bei der Regie des Films sehr geholfen haben. Was bedeutet das konkret?

Wenn ein Film gedreht wird, heißt das, 85 Leute tun sich zusammen und stellen etwas auf die Beine. 85 Leute kriegen gemeinsam ein Kind: Der eine steuert ein Öhrchen bei, der andere die Haare und so weiter. Filmemachen ist immer Teamwork, ich halte das für normal. Deshalb könnte ich nicht sagen, was konkret mein Beitrag war. Ich erhebe auf nichts Anspruch.

Als Sie und Demme sich hingesetzt haben, um Clarice Starling zu definieren, was war da die Grundidee hinter Ihrer Rolle?

Die Grundidee vielleicht nicht unbedingt hinter meiner Rolle, aber hinter dem Film, wie wir beide ihn sahen, war, daß er immer aus dem Blickwinkel von jemandem erzählt werden sollte, der auf der Seite des Opfers steht, der nie aus den Augen verliert, daß es da jemanden gibt, der allein ist und der gerettet werden muß, und der sich nicht mit dem Täter identifiziert. Ich glaube, das kommt in dem Film klar zum Ausdruck: Die Betonung des Films liegt auf Einfühlungsvermögen, Offenheit und Güte, nicht auf Ausbeutung.

In gewisser Weise erinnert der Film an amerikanische Schauerromane und an Edgar Allan Poe – das Nebeneinander von Schönheit und Schrecken. Interessieren Sie sich für diese Tradition, für Reisen ins Unterbewußte? In Europa mag man den Film, weil er für den Zuschauer etwas von einer therapeutischen Sitzung hat.

Ja, er fordert die Leute auf, in Regionen des menschlichen Geistes hinabzusteigen, die man normalerweise nicht zu betreten wagt. Was mir an dem Film so gefällt, ist, daß er kein Urteil fällt, er sagt nicht, das ist böse, das ist gut. Es geht zwar um den Konflikt zwischen Gut und Böse, aber der Film kategorisiert nicht, er sagt nicht, der Gute ist ein menschliches Wesen, der Böse ist ein Ungeheuer. Er spricht sich gegen solche Kategorisierung aus und sagt: Indem man jemanden wie ein Monster einsperrt, schafft man erst ein Monster. Das macht die Ehrlichkeit, die Menschlichkeit des Films aus.

Was auffällt, ist, daß Sie erneut als eine Art Opfer auftreten. Dieser Eindruck entsteht beispielsweise, wenn Sie in das Zimmer kommen, in dem die Leiche obduziert werden soll, und alle Polizeibeamten sie anstarren.

Oh, aber da bin ich doch kein Opfer, das hat damit nichts zu tun! Hier geht es darum, wie man sich als Frau in einer Männerwelt fühlt. Wenn der Held ein Schwarzer wäre, der im Jahre 1910 in den Süden kommt, würde man es aus seinem Blickwinkel erleben, wie es wäre, diesen Raum zu betreten, und es wäre eine ganz

THE SILENCE OF THE LAMBS: Jonathan Demme, Jodie Foster

andere Erfahrung. Wenn Tom Cruise eine männliche Version von Clarice Starling gespielt hätte und er es gewesen wäre, der in diesen Raum voller baumlanger Polizisten kommt, wäre überhaupt kein Unbehagen entstanden. Das ist noch nicht einmal ein theoretischer Kommentar: Eine Frau empfindet die Welt nun einmal völlig anders als ein Mann. Wenn ein Kind ein Zimmer betritt und von den Erwachsenen nur hört, setz dich da nicht hin und hier nicht hin, empfindet es die Welt ebenfalls völlig anders.

Hatten Sie als Frau jemals ernsthafte Probleme innerhalb des von Männern dominierten Filmgeschäfts?

Nein, ernsthafte Probleme sicher nicht. Ich meine, ich werde mich immer mit dem Underdog identifizieren. So bin ich erzogen worden. Ich bin nicht die Erbin eines sagenhaften amerikanischen Vermögens, ich stamme nicht aus einer Stahl-Dynastie oder so etwas. All das hat zusammengewirkt, daß ich die Art von Frau geworden bin, die ich bin, und was mein Wesen bestimmt, ist, daß ich in einer Familie aufgewachsen bin, die sich durchschlagen mußte, in einer Familie aus Frauen. Aber ich kann nicht sagen, daß ich unter großem Sexismus in der Filmbranche gelitten hätte. Das liegt sicher daran, daß ich sehr großes Glück gehabt habe.

Seien wir ehrlich, ich habe eine sehr angesehene Universität absolviert, ich bin weiß und blond und besitze alles, was das Leben in dieser Welt leichter macht, und ich arbeite seit 25 Jahren in diesem Männergeschäft, das heißt auch, ich bin seit 25 Jahren daran gewöhnt. Und da komme ich wieder auf Clarice Starling: Jemand wie sie versucht, das System von innen heraus zu verändern, und das halte ich für die effektivste Methode. Wenn man es schafft, in das System einzudringen und sich die Spielregeln anzueignen, kann man die Regeln dazu benutzen, die Regeln zu verändern.

Wie würden Sie Ihr Familienleben beschreiben? Sind Sie in einer normalen Mittelklassenumgebung aufgewachsen?

Ich denke schon, auch wenn ich eigentlich gar nicht weiß, was »normal« bedeutet. Es war gut, einiges war hart, einiges nicht. Wir hatten kein Eigenheim in den Suburbs, es gab keinen Vater, aber ich glaube nicht, daß das irgend etwas Negatives bei mir bewirkt hat.

Warum haben Sie beschlossen, ein Studium zu absolvieren?

Für mich kam nie etwas anderes in Frage. Nicht zur Uni zu gehen, stand nie zur Debatte. Ich dachte immer, daß das mit der Schauspielerei einmal einschlafen würde, daß ich mit fünfzehn oder sechzehn damit aufhören würde und ich gezwungen wäre, etwas anderes zu finden, mich für etwas anderes zu begeistern. Das einzige, was mir sonst noch Spaß machte, waren Lesen und Schreiben, das war immer meine große Zuflucht. Ich vermute, das machte mich dann zu einer eifrigen Studentin.

Hat J. D. Salinger Sie sehr beeinflußt?

Ganz bestimmt. Das ist ein Autor, der meine Persönlichkeit sehr beeinflußt hat. *Franny and Zooey* zu lesen, als ich vierzehn oder fünfzehn war, war sicher etwas, das mein Leben verändert hat. Auch in LITTLE MAN TATE steckt eine ganze Menge Salinger, auch bei ihm gibt es die hochbegabten Kinder und das alles.

Als Sie in TAXI DRIVER mitwirkten, waren Sie vierzehn...

Nein, zwölf.

Der Film wurde sofort zum Klassiker, zum Kultfilm. Was führte

TAXI DRIVER: Jodie Foster, Robert De Niro, Martin Scorsese

Sie zu dem Entschluß, diese Rolle anzunehmen, die ja Ihre weiteren Rollen, Ihr Image sehr bestimmte?

Das hatte sicher viel damit zu tun, daß meine Mutter die Rollen für mich aussuchte, als ich noch so jung war. Aber ich hatte ja schon mit Martin Scorsese in ALICE DOESN'T LIVE HERE ANYMORE (Alice lebt hier nicht mehr) zusammengearbeitet. Davor war ich bereits ein großer Fan von ihm wegen MEAN STREETS (Hexenkessel), den ich liebte – ich finde, das ist ein ganz, ganz großartiger Film – und den ich schon als Kind ein paar Male gesehen hatte. Ich war also ein Fan von ihm; er hätte mir wahrscheinlich jede Rolle anbieten können, und ich hätte sie gespielt. Aber es war sicher so, daß meine Mutter das Drehbuch las – Paul Schraders Drehbuch, das eines der großen, klassischen Drehbücher ist, eines der besten, das ich kenne – und die Entscheidung traf, auf Qualität zu setzen.

Welche Anweisungen hat Ihnen Martin Scorsese für die berühmte Frühstücksszene mit Robert De Niro gegeben?

Er gab mir überhaupt gar keine Anweisungen, vor allem nicht bei dieser Szene. Es war vor allem Robert De Niro, der sich sehr viel Zeit für mich nahm, mit mir probte und so weiter. Scorseses Anweisungen beschränkten sich auf Sachen wie: »An dieser Stelle im Dialog trinkst du deinen Orangensaft, an jener Stelle schmierst du dir Butter auf den Toast, schütte noch mehr Zucker auf die Marmelade«, solche Dinge.

Mit welchem Film endete Ihre Laufbahn als Kinderstar? Anders gefragt: Was ist aus Ihrer eigenen Sicht Ihr erster Film als reife Schauspielerin?

Ich glaube, der Übergang war relativ bruchlos, denn ich habe eigentlich nie Charaktere verkörpert, die das gleiche Alter hatten wie ich. Selbst als Kind habe ich nie Zehn- oder Zwölfjährige gespielt, sondern immer kleine Erwachsene, komplizierte kleine Erwachsene. Deshalb habe ich nicht das Gefühl, daß es irgendwann diesen Sprung gab. Ich glaube allerdings, daß THE ACCUSED (Angeklagt) ein entscheidender Schritt nach vorn war. Ab diesem Film sahen mich die Leute plötzlich mit anderen Augen.

Jetzt, da Sie selber Regisseurin sind: Welche Regisseure bewundern Sie am meisten?

Martin Scorsese ist wahrscheinlich der aufregendste Regisseur… überhaupt, denke ich.

Gibt es Regisseure, denen Sie als Schauspielerin blind vertrauen würden?

Ja und nein. Ich meine, man muß seine Persönlichkeit bei jedem neuen Film auf den Regisseur abstimmen, um ihm blind vertrauen zu können. Aber man muß sich auch immer noch ein bißchen Kritikfähigkeit bewahren, damit man sich sicher fühlt. Aber der Regisseur ist natürlich der Boß, das hat man als Schauspieler einfach zu akzeptieren. Man betritt den Set und fragt ihn: Wo willst du mich haben?

Als Regisseurin haben Sie mit einer goldenen Regel gearbeitet, die besagt: Never make an actor feel like shit. Wie oft ist es Ihnen selbst in Ihrer Laufbahn als Schauspielerin so ergangen? Nie?

Doch, bestimmt. Aber nicht so häufig wie anderen Leuten. Ich glaube, daß ich das Glück hatte, zu etlichen Regisseuren eine bessere Beziehung aufbauen zu können als andere Leute. Ich konnte immer mit ihnen reden, ich konnte immer mit ihnen auf geistiger Ebene diskutieren, so daß ich von ihnen nicht das abbekam, was viele andere Schauspieler wegstecken mußten.

Um welche Rollen haben Sie gekämpft, welche Rollen wollten Sie unbedingt bekommen?

Oh, einige. THE ACCUSED ganz sicher, THE SILENCE OF THE LAMBS... Das sind die beiden großen Rollen. Ja, um die habe ich gekämpft.

Sie neigen dazu, »negative« Heldinnen zu spielen, etwa Sarah Tobias in THE ACCUSED – nicht unbedingt sympathische, aber sehr realistische, starke und überzeugende Opfertypen...

Opfertypen, damit bin ich nicht einverstanden. Menschen, die Opfer von bestimmten Umständen sind, das kann man sicher sagen, in den Filmen geht es darum, wie diese Frauen überleben, wie sie mit widrigen Umständen fertigwerden. An Opfertypen glaube ich nicht, vor allem nicht im Zusammenhang mit Vergewaltigung. Wenn Sie sich vor Augen halten, daß eine von neun Frauen irgendwann in ihrem Leben sexuelle Gewalt erfährt, ist der Gedanke, daß es da irgendwie einen Opfertyp geben sollte, reichlich obskur.

THE ACCUSED: Regisseur Jonathan Kaplan, Jodie Foster

43

So hatte ich es, glaube ich, gar nicht gemeint. Ich finde, es ist sehr wichtig fürs Kino, daß diese Art von negativen Archetypen wiederentdeckt wird, denn ich glaube, alles, was das Klischee der passiven Hollywood-Schönheit entkräftet, ist ein kleiner kultureller Sieg.

Ja, nur sollte man aufpassen, daß man nicht glaubt, alles, was riskant und düster ist und sich mit Tabus beschäftigt, sei automatisch »Kunst« – ich glaube, da könnte man sich leicht auf glattes Parkett begeben. Aber wo Sie von negativen Helden sprechen: Wenn ich dauernd nur Wonder Woman spielen würde, wäre das ein Zerrbild der weiblichen Erfahrung. Das wäre so, als würde ein schwarzer Schauspieler ausschließlich Ärzte und Anwälte darstellen, also ausschließlich Angehörige solcher Berufsgruppen, die mehr als 200.000 Dollar pro Jahr verdienen – damit würde er sich völlig entfernen von dem, was die Mehrheit der Schwarzen Tag für Tag erlebt. Vieles der weiblichen Psychologie ist der Rassenpsychologie verwandt: Es hat damit zu tun, gefährdet zu sein, es hat mit dem Prozeß des Entdeckens zu tun, es hat damit zu tun, wie ein Kind nicht für voll genommen zu werden und sich das erst zu erkämpfen. Ich finde das faszinierend, und ich finde, daß das, was man negative Geschichte nennt, sehr wertvoll für die Frauen ist, daß es sehr wertvoll ist, darüber Bescheid zu wissen.

Wie haben Sie sich auf die Rolle der Sarah Tobias vorbereitet? Sie spielen eine Frau aus der Unterschicht mit einem entsprechenden Akzent, entsprechender Verhaltensweise, entsprechender Gestik... Haben Sie sich überhaupt vorbereitet?

Nein. *(lacht)* Nein, eigentlich nicht. Ich wollte einfach diesen Film machen, und ich wußte, daß ich ganz verrückt danach war, und das reichte als Vorbereitung für die Rolle. Bei SILENCE war es anders, da waren einige Recherchen notwendig, ich mußte mir vieles beibringen, über Fingerabdrücke, über Autopsie, über den Umgang mit Waffen, über Insekten und so weiter. Spielt man aber die Rolle eines Mädchens, das im falschen Moment die Straße herunterkommt, braucht man nichts anderes zu tun, als die Straße herunterzukommen. Deshalb war für die Rolle in THE ACCUSED eigentlich nicht viel Vorbereitung nötig.

Haben Sie jemals Schauspielunterricht genommen?

Nein, nie. Und ich bin nicht stolz darauf. *(lacht)* Das ist nichts, womit ich angebe. Manchmal wünschte ich, ich würde all diese Begriffe kennen.

Fühlen Sie sich da nicht gehemmt, wenn Sie es mit Shakespeare-Schauspielern wie Anthony Hopkins zu tun haben? Stoßen da nicht zwei völlig verschiedene Methoden aufeinander?

Nein, er arbeitet auf exakt die geiche Weise wie ich. Wir spielen die Szene und konzentrieren uns vollkommen, es entsteht eine sehr intime und dramatische Atmosphäre, und danach – lesen wir Zeitung! Das ist alles. Wir reden nicht einmal mehr darüber, wir trinken zusammen Kaffee. Als Mensch ist er langweilig. Sehr, sehr sympathisch, aber langweilig. Als wir das erstemal gemeinsam probten, hatte ich allerdings Angst vor ihm. Ich kam herein, gab ihm die Hand, setzte mich zu ihm an den Tisch, wir schlugen das Drehbuch auf und begannen, unsere Rollen zu lesen. Und plötzlich bekam er etwas unglaublich Bedrohliches. Dieses Gefühl wurde ich nie ganz los, selbst wenn wir zwischen den Szenen miteinander plauderten: Er machte mir immer ein bißchen Angst. Und am Ende der Dreharbeiten, als wir uns verabschiedeten, gestand er, daß es ihm mit mir genauso gegangen war: »Oh, ich hatte solche Angst vor Ihnen!« Heute lachen wir darüber.

Kann ein Regisseur die Seele eines Schauspielers bearbeiten, kann er ihn sehr beeinflussen? Anders ausgedrückt: Ist das Schauspielen ein perfekter kindlicher Moment, wo man sich ganz jemandem ausliefern kann?

Ja, ich glaube, das ist es tatsächlich. Und man tut es freiwillig, man genießt es, man genießt diese Art von Verwundbarkeit, man läßt sich einfach fallen und hofft, daß der Regisseur, die Eltern da sind und einen auffangen. All das natürlich mit einer gewissen geistigen Wachheit und wohl wissend, daß die Glasscheibe aus Zucker ist und daß die Geschichte nicht einen selbst betrifft. Das ist das Sicherheitsnetz.

Ein Regisseur kann also für viele zur Vaterfigur werden...

Das sehe ich allerdings ein wenig anders. Ich habe mich sehr eingehend damit beschäftigt. Das Regieführen hat viel mehr mütterliche Aspekte, selbst bei männlichen Regisseuren. Diese Arbeit ist viel eher eine mütterliche Realität als eine väterliche. Es geht viel mehr ums Trösten und ums Freigeben als ums Befehlen und Beibringen. Mit Beibringen hat es nämlich überhaupt nichts zu tun, sondern mit Gestatten. Und das ist sicher eher ein Merkmal der Mütterlichkeit.

Inwieweit haben Sie versucht, das in LITTLE MAN TATE zu verwirklichen, und inwieweit ist es Ihnen gelungen?

Ich glaube, das war mein natürlicher Instinkt als Regisseurin, ich habe nicht einmal versucht, so zu sein. Bei Adam Hann-Byrd, der den Fred spielt, sagte mir mein Instinkt, diesem kleinen Jungen zu gestatten, all die Magie zu entdecken, die ich selbst als Kind im Spiel vor der Kamera entdeckt habe. Er war anfangs ein ziemlich gehemmtes Kind, sehr schüchtern, nicht sehr selbstbewußt. Und ich hoffte, er würde in der Schauspielerei seine Ausdrucksform finden. Hin und wieder habe ich ihm rein körpertechnische Anweisungen gegeben, was ich bei einem älteren Schauspieler vermutlich nicht tun würde, wie etwa: »Sieh dorthin, geh nach da, zieh deine Augenbrauen in die Höhe«, aber nur weil ich weiß, daß man, wenn man Kindern diese physischen Hürden gibt, ein wenig ihr Herz befreit. Wenn sie an die physischen Aufgaben denken, die sie machen sollen, erlaubt ihnen das, ihre Rolle zu spielen. Das Wichtige daran, als Regisseurin und als Schauspielerin gleichzeitig mit diesem Kind zu arbeiten, war, daß er wußte, die Regisseurin war auch diejenige, die ihn vor der Kamera beschützte. Das war sehr wichtig in der gemeinsamen Erfahrung mit ihm, und ich weiß nicht, ob ich dieselbe Leistung aus ihm hätte herausholen können, wenn eine andere Schauspielerin meine Rolle gespielt hätte.

In LITTLE MAN TATE spielen Sie eine sehr warmherzige, liebende Mutter. Beabsichtigen Sie, die Foster-Persona weiter in diese Richtung zu entwickeln?

Klar, warum nicht? Ich meine, es ist ja so: Wenn man einen Film macht, fällt man Entscheidungen zum Wohl der Geschichte. Ähnlich ist es, wenn Sie Mitglied einer Rockband sind und ein Instrument spielen, da ist es völlig egal, wie phantastisch Sie ein Solo hinlegen könnten, Sie haben nur das zu spielen, was zum Song gehört. Genauso habe ich meine Aufgabe als Schauspielerin in diesem Film betrachtet, und nicht nur in diesem: Die Geschichte kommt immer an erster Stelle, und die Charaktere dienen der

Geschichte. Diese Seite, die Sie ansprechen, diese offene, liebevolle Seite, gehört natürlich unbedingt zu meinem Leben, aber möglicherweise habe ich sie über all die Jahre nicht zum Vorschein kommen lassen. Vielleicht haben Sie recht, ich glaube, ich bin jetzt bereit, diese Seite ein bißchen mehr zu betonen. Das mag aber hauptsächlich damit zu tun gehabt haben, daß ich die Regisseurin dieses Films war!

Also wieder die zwei Seiten: die romantische und die zynische Seite...

Absolut. Das ist einer meiner Wahlsprüche: Zynismus ist der Beschützer der Romantik. Wer eine wirkliche Romantikerin sein will, muß lernen, zynisch zu sein. Sonst ist es zu riskant. Man könnte es auch so formulieren: Regie zu führen, ist die zynische Seite, die Seite, die mich beschützte. Hätte ich nur gespielt und es mit einem anderen Regisseur zu tun gehabt, der meine Arbeit als Schauspielerin hätte benutzen können, wie er wollte, hätte ich nicht so vertrauensvoll sein können.

Hatten Sie nie Zweifel daran, sich für den richtigen Beruf entschieden zu haben?

Oh, doch. Ganz sicher. Ich zweifle übrigens jeden Tag daran. Ich stelle mir oft vor, wie es sein würde, wenn plötzlich jemand herausfindet, daß ich gar keine besonders gute Schauspielerin bin, und wie ich mir in zwei Jahren vielleicht einen anderen Beruf suchen muß. Nein, ich habe eigentlich nie geglaubt, daß das ein Job für die Ewigkeit sein könnte. Außerdem gab es ganz konkrete Momente in meinem Leben, vor allem während meiner Studienzeit, in denen ich wirklich nicht wußte, ob ich überhaupt Schauspielerin werden wollte. Und ich muß Ihnen sagen: Wenn ich unter wirklich miserablen Bedingungen Schauspielerin sein müßte, würde ich den Beruf wahrscheinlich an den Nagel hängen. Ich habe bisher sehr viel Glück gehabt. *(lacht)*

Müssen Sie sich anstrengen, um Ihre Ziele zu erreichen, oder gehen Sie einfach drauf los?

Hm, ich glaube, ich setze mir etwas in den Kopf und muß es dann haben. Ich habe dann keine andere Wahl. Wenn ich etwas will, muß ich losgehen und es mir holen. Und entweder falle ich dann fürchterlich auf die Nase, oder ich bekomme es tatsächlich. Ich bin ziemlich dickköpfig in der Hinsicht.

Was halten Sie für Ihre wichtigste Charaktereigenschaft?

Selbstvertrauen, denke ich. Die Art von Selbstvertrauen, die einen blind macht für all die Dinge, die man nicht erreichen kann. Das ist sicher eine Charaktereigenschaft, aber wichtiger ist, daß es etwas ist, das man von seinen Eltern mitbekommen hat. Ich erläutere das immer an einem Beispiel: Als ich fünf oder sechs Jahre alt war, setzte sich meine Mutter einmal zu mir und sagte: »Hast du ein Glück, daß du eine Frau bist, denn da kannst du alles werden, was du dir wünscht, du kannst Ärztin werden oder Anwältin oder Mutter oder alles zusammen!« Das war natürlich glatt gelogen, aber mir verlieh das so viel Selbstvertrauen, daß ich mir einredete, ich hätte ein Recht auf ein ungewöhnliches Leben. Vor allem als Schauspieler ist man natürlich auf eine gewisse Menge an Selbstvertrauen angewiesen, denn im selben Moment, in dem man sein Selbstvertrauen verliert, ist man ein schlechter Schauspieler.

Wie haben Sie diesen typischen Meltdown verhindert, den so viele Schauspieler erleben, die frühen Ruhm genossen haben?

Das ist ein guter Ausdruck dafür: Meltdown. Mal nachdenken… Ich weiß es nicht! *(lacht)* Ich meine, ich hatte wahrscheinlich eine gute moralische Unterstützung, und außerdem lag es wohl in meiner Natur, mich nicht unterkriegen zu lassen und über gewisse Schutzmechanismen zu verfügen, die andere Kinder nicht hatten. Wobei ich nicht unbedingt glaube, daß das gut ist. Ich meine, ich war bestimmt zynischer, reservierter, distanzierter als Kind, damit mir nichts etwas anhaben konnte.

Sie planen einen Film über das Leben der amerikanischen Schauspielerin Jean Seberg, die 1979 mit vierzig Jahren in Paris starb. Jean Seberg hat einmal gesagt: »Ich habe mehr als die Hälfte meines Lebens vor der Kamera und in Filmstudios verbracht. Es ist seltsam für eine Frau, zu verfolgen, wie sich ihr Gesicht und ihr ganzes Wesen verändert – festgehalten auf Film.« Das ließe sich um so mehr auch auf Sie übertragen, als Sie Ihren ersten Film mit sechs Jahren drehten, mithin vier Fünftel Ihres Lebens im Scheinwerferlicht standen. Teilen Sie Jean Sebergs Beobachtung?

Jean Seberg in A Bout de Souffle (Außer Atem)

Ich habe praktisch nie etwas anderes gekannt. Ich bin sicher, daß es später in meinem Leben einmal eine Phase geben wird, wo ich nicht mehr einen Film pro Jahr drehen werde, aber noch bin ich von meiner Arbeit besessen, sie macht mir ungeheuren Spaß, und ich liebe das Kino. Das ist die Hauptmotivation dafür, daß ich soviel arbeite. Wenn mich das Medium nicht so unvermindert begeistern würde, wäre ich sicher längst ausgestiegen. Ich bin sicher anders aufgewachsen als die meisten, und es ist bestimmt nicht normal, als Kind schon als Schauspielerin zu arbeiten, aber ich glaube, für mich persönlich war es das richtige. Was eine zu intensive Karriere auch bewirken kann, zeigt das Beispiel Jean Seberg, und das ist vermutlich der Grund, weshalb ich mich so stark für sie interessiere. Die gleichen Voraussetzungen müssen nicht immer das gleiche bewirken: Der eine kriegt einen Ziegelstein in die Hand und baut damit ein Haus, der andere erschlägt mit dem gleichen Ziegelstein einen Menschen. Zwei Leute können in derselben Umgebung aufwachsen und dieselbe Ausbildung haben und sich doch anders antwickeln: Der Charakter macht den Unterschied, der eine hat die Fähigkeit, mit bestimmten Dingen fertigzuwerden, der andere nicht, der eine fühlt sich ausgefüllt, der andere nicht. Auf verrückte Weise bin ich davon überzeugt, daß ich für ein Leben wie dieses geboren wurde, daß ich die Persönlichkeit habe, dieser Art von Leben standzuhalten und darüber zu triumphieren. Andere haben da sicher größere Schwierigkeiten. Seltsam, daß Jean Seberg sagt, sie verfolge die Veränderung an sich selbst, denn ich für meinen Teil sehe bei mir eher eine ungeheure Beständigkeit. Selbst wenn ich mir einen Film ansehe, den ich als Kind gemacht habe: Der mag zwar nicht besonders gut gewesen sein, aber ich erkenne mich darin wieder, ich weiß, daß mein Lebensgefühl damals schon das gleiche war wie heute. Das ist ganz eigenartig.

Ist Jean Seberg für Sie eine Art abschreckendes Beispiel? Geben Sie bewußt darauf acht, nicht so zu enden?

Nun, ich bin ja schon alt *(lacht)*, ich bin dreißig, da brauche ich mir keine Sorgen mehr zu machen! Nein, es ist sicher komplizierter. Denn gerade wegen der positiven Art, mit der ich die Dinge bisher gemeistert habe, gibt es vieles, was ich in meinem Leben einfach nie erfahren habe. Das stimmt, das ist mir sehr bewußt. Vielleicht bin ich gerade in diesem Punkt eben doch verwundbar. Ich wurde in so zartem Alter in eine so schwierige Welt geschubst und lernte so schnell, mir ein dickes Fell anzuschaffen, daß ich mich nie zum Idioten machen konnte. Es gibt viele Wege, die ich nie beschritten habe. Ich bin zwar am Leben und betrachte mich als normal und vernünftig, aber es stellt sich doch die Frage: welche Dinge habe ich verpaßt?

Wird es eine Fortsetzung von THE SILENCE OF THE LAMBS *geben?*

Alle Beteiligten wären sofort dabei, aber zunächst einmal muß Thomas Harris seinen neuen Roman zu Ende schreiben.

Gibt es sonst Projekte?

Für das amerikanische Kabelfernsehen ist eine Serie nach Clarissa P. Estes' Buch *Women Who Run With Wolves* in Planung, bei der jede Folge von einer anderen Regisseurin gedreht werden soll. Das Buch ist hochinteressant, eigentlich eine verkappte Literaturkritik. Es geht um weibliche Mythologie, zum Beispiel um das Blaubart-Phänomen, und all diese Mythen werden unter feministischen und psychologischen Gesichtspunkten seziert. Oberflächlich betrachtet wird es sich um mittelalterliche Volksmärchen handeln. Ich werde definitiv bei einer Folge Regie führen, ob ich auch als Schauspielerin mitmachen werde, weiß ich noch nicht.

Mit Jodie Foster sprachen Bernhard von Dadelsen (11. Januar 1992 in Paris) und Robert Fischer (29. Januar 1993 in Hamburg)

Jodie Foster: Die ersten dreißig Jahre

Eine Biographie in Fakten, Zitaten und Selbstaussagen

»Meine Geschwister gaben mit den Spitznamen Load, wegen des enormen Fassungsvermögens meiner Windeln. Abgesehen von dieser Tatsache und ein paar charakteristischen Details hier und da betrachtete ich mich selbst immer als ziemlichen Durchschnittsmenschen. Nicht so-la-la-Durchschnitt; einfach nur Durchschnitt… Schinken und Eier zum Frühstück, Volkswagen, südkalifornische Sonne. Manchmal blicke ich allerdings auf mein Leben zurück, auf die Art, wie es allmählich Form und Farbe angenommen hat, auf die Orte, an denen ich war, und die Menschen, die ich kennengelernt habe, und frage mich: *Warum? Warum ich?* Warum fiel die Wahl immer auf mich, wenn die Bilanzen gezogen und die Erbsen gezählt wurden? Warum mußte immer *ich* am Ostermorgen die Schokoladeneier finden? Der Applaus freilich tat meistens gut; verdammt gut sogar« (J. F., *Esquire*, Dezember 1982).

Jodie Fosters Mutter Evelyn (genannt Brandy) wurde im New Yorker Stadtteil Bronx als einziges Kind deutscher Einwanderer geboren und wuchs in Rockford, Illinois, auf. Anfang der fünfziger Jahre verließ sie ihr Elternhaus, um ihr Glück in Los Angeles zu versuchen. Dort lernte sie den Airforce-Offizier und späteren Immobilienmakler Lucius Foster III, einen Yale-Absolventen, kennen und heiratete ihn 1952. Das erste Kind, Lucinda, wurde noch im selben Jahr geboren, Constance (genannt Connie) folgte 1955, und am 12. Juli 1957 kam Lucius IV (genannt Buddy) zur Welt. Nach zehn Ehejahren beschlossen die Fosters, sich zu trennen. An dem Tag, an dem Brandy zum erstenmal vor dem Scheidungsgericht erschien, erfuhr sie, daß sie seit drei Monaten mit ihrem vierten Kind schwanger war.

Am 19. November **1962** wurde Alicia Christian Foster (genannt Jodie) in Los Angeles geboren. Der Vater verschwand für immer aus dem Leben seiner Frau und seiner vier Kinder. Eine Nachbarin, deren Sohn in Werbespots auftrat, überredete Brandy, die mittlerweile als PR-Agentin in Hollywood arbeitete (u. a. für den Produzenten Arthur P. Jacobs), mit Buddy einmal die Runde bei den Agenturen zu machen. Buddy wurde zunächst Fotomodell für Seifenreklame, später holte man ihn für Werbespots.

Schon mit zwölf Monaten sprach Jodie in ganzen Sätzen, mit drei Jahren brachte sie sich selbst das Lesen bei, was Brandy bei einem Familienausflug in den Zoo von San Diego merkte, als ihre jüngste Tochter laut die Schilder und Reklametafeln entzifferte.

Im Sommer **1965** begleitete die zweieinhalbjährige Jodie ihren Bruder zu einer Werbeagentur. »Meine Mutter wollte mich nicht allein im Auto lassen, denn es war ein übles Viertel. Sie wollten einen Werbespot für das Sonnenöl Coppertone drehen, und als sie meinen Bruder baten, sein Hemd auszuziehen, stand ich hinter ihm, zog ebenfalls mein Hemd aus und machte ihm alles nach. Sie fragten mich nach meinem Namen, und ich antwortete: ›Brian Alexander‹ oder irgendwas in der Art. Daraufhin beschlossen sie, mir die Rolle in dem Werbespot zu geben statt meinem Bruder« (J. F., *Interview*, Oktober 1991). In den folgenden Jahren sah man sie in mehr als 40 Werbefilmen, u. a. für Crest, Oreo-Kekse und Ken-L Ration.

Brandy und die Kinder lebten zunächst in einer Doppelhaushälfte zur Miete, aber nur für vier Jahre. Dann zogen sie nach Hollywood. Am Cahuenga Boulevard, gleich neben der Auffahrt zum Hollywood Freeway und nur ein paar Blocks entfernt vom Chinese Theatre mit seinen berühmten Hand- und Fußabdrücken der Filmstars, mietete Brandy ein Haus im spanischen Stil. »Meine Mutter strich das Haus terrakottafarben an. Sie wollte sich einreden, sie lebte in Italien oder sowas. Das war in den späten Sechzigern, wo man nicht Amerikaner sein wollte« (J. F., *Rolling Stone*, März 1991). »Wir besaßen nicht viel, aber was wir hatten, war exquisit. Zum Beispiel gab es immer toskanisches Brot im Haus, und meine Mutter fuhr einen Peugeot und ging mit uns in künstlerisch wertvolle Filme. Wir waren eine coole Familie mit Kultur« (J. F., *Redbook*, November 1991).

1968 erhielt Buddy Foster eine durchgehende Rolle in der 76teiligen Fernsehserie MAYBERRY R. F. D. Am 19. Mai **1969** wurde jene Episode von MAYBERRY R. F. D. ausgestrahlt, in der die sechsjährige Jodie Foster an der Seite ihres Bruders ihr Debüt als Schauspielerin gab. Im Juli stand sie für die erste von mehreren Episoden der Serie THE COURTSHIP OF EDDIE'S FATHER (Eddies Vater) vor der Kamera, in denen sie die kleine Freundin von Eddie (Brandon Cruz) spielte. »Ich kann mich noch genau an den ersten Drehtag erinnern: Die Apollo-Crew war gerade auf dem Weg zum

1971: Napoleon and Samantha

Mond« (J. F., *Seventeen*, Januar 1977). Ebenfalls im Sommer 1969 wirkte sie in dem Walt-Disney-Fernsehfilm MENACE ON THE MOUNTAIN mit. »Den haben nicht viele Leute gesehen. Es war auch kein guter Film, aber für mich bedeutete er immerhin den Einstieg bei Disney« (J. F., *Andy Warhol's Interview*, Januar 1977). Zahlreiche Aufgaben in weiteren TV-Serien – darunter GUNSMOKE (Rauchende Colts), BONANZA (Bonanza), IRONSIDE (Der Chef) und KUNG FU (Kung Fu) – folgten.

Von dem Geld, das die beiden jüngsten Kinder beim Fernsehen verdienten, konnte die ganze Familie leben. Brandy Foster: »Ein Kind sollte die Arbeit vor der Kamera nie als Belastung empfinden. Das wäre grausam. Man muß seine Kinder kennen – ich habe zwei absolut hinreißende, hübsche Töchter, denen ich so etwas nie angetan hätte, denn es liegt nicht in ihrem Wesen – so etwas kam für diese Kinder einfach nicht in Frage« (*Premiere,* März 1991).

Jodies schulische Ausbildung war ihrer Mutter ebenso wichtig wie die schauspielerische Karriere: In der zweiten Klasse besuchte Jodie für kurze Zeit das staatliche Förderprogramm für hochbegabte Kinder, wechselte dann aber an das zweisprachige Lycée Français, eine strenge Privatschule in Santa Monica, in der die Schüler Uniformen trugen. »Es ging dort sehr streng zu, und man war nach außen abgeschirmt. Für mich war es perfekt« (J. F., *Interview*, September 1989).

Seit ihrer Scheidung erzog Brandy Foster ihre Kinder nach dem Musketier-Motto »einer für alle, alle für einen«. Sie wollte, daß sich jeder für das Wohlergehen des anderen verantwortlich fühlte. »In Artikeln über mich wirkt es häufig so, als hätte ich den Hauptteil der Verantwortung tragen müssen, aber das ist nicht richtig. Wir alle hatten unsere Aufgaben, und weil mein Bruder und ich immer drehen mußten, war es die Aufgabe meiner Schwestern, sich um den Haushalt zu kümmern. Aber jeder hatte seinen Platz. Alles drehte sich nur um die Familie, darum, die Familie in Schwung zu halten, überleben zu lassen« (J. F., *Premiere*, März 1991).

»Meine Mutter war fasziniert von Brando, als ich klein war. Überall im Haus lagen Bücher über ihn herum. Sie nahm mich mit auf ein Brando-Festival. Ich habe jeden Brando-Film gesehen, den es gibt. Brandos Sohn Miko und eine seiner Töchter waren auf der gleichen Schule wie ich. Mit Miko war ich befreundet. Er war ein prima Kamerad, und seine Mutter, Movita, war eine sehr schöne Frau« (J. F., *Movieline*, Oktober 1991).

1972: Tom Sawyer

»Ich hielt es nie länger als drei Monate an einem Ort aus und kam nie in die Verlegenheit, Freundschaften mit Gleichaltrigen pflegen zu müssen. Ich hatte als Kind nur eine einzige Freundin, Clara Lisa [Kabbaz]. Auch sie reiste viel – nach Paris, Tahiti, Gott weiß wohin. Wann immer wir konnten, trafen wir uns irgendwo, waren albern und tobten in den Betten herum« (J. F., *Esquire* Dezember 1982).

»Ich war das Vorzeigekind. Ich sprach drei Sprachen und brachte immer die besten Noten mit nach Hause, hatte nie Stubenarrest, trug eine Schuluniform. [...] Ich habe nie etwas anderes kennengelernt als eine Familie mit nur einem Elternteil. Auch bei meinen Klassenkameraden war das so. Alle Bekannten meiner Mutter waren geschiedene Frauen, und wenn sie sich trafen, schimpften sie über ihre Männer und nannten sie Arschlöcher und Idioten« (J. F., *Rolling Stone*, März 1991).

Im Sommer **1971** stand Jodie für die Walt-Disney-Produktion NAPOLEON AND SAMANTHA (Flucht in die Wildnis), ihren ersten Kinofilm, vor der Kamera. Gedreht wurde in den Strawberry Mountains, Oregon. Jodies Wochengage betrug 1000 Dollar. »Wir arbeiteten mit zwei Löwen: der eine namens Zambo fungierte als Double, und der andere, Major, war 25 Jahre alt, hatte keine Zähne mehr im Maul und lag nur noch faul herum. Es war sehr heiß an diesem Nachmittag, um vier Uhr herum, und man soll mit Löwen nach drei Uhr nicht mehr arbeiten. Major weigerte sich auch, und deshalb holten sie Zambo. Endlich konnten wir drehen: Ich ging eine Anhöhe hinauf, und der Löwe war hinter mir. Er wurde an einem dünnen Draht vorwärtsgezogen, sonst hätte auch er sich nicht bewegt. Aber ich ging nicht schnell genug. Plötzlich spürte ich um mich herum die Mähne des Löwen, er nahm mich an der Hüfte in sein Maul, drehte mich seitwärts und begann, mich zu schütteln. Ich dachte, die Erde bebe. Er stellte mich fast auf den Kopf; ich sah alles schief und nahm nur wahr, daß alle wegliefen. Sie rannten alle davon! Der Dompteur, der natürlich immer dabei war, befahl dem Löwen, mich fallenzulassen, und er gehorchte brav. Ich rollte den Hügel runter. Man sieht noch die Narbe am Rücken, eine niedliche kleine Vertiefung« (J. F., *Andy Warhol's Interview*, Januar 1977). Ein Hubschrauber brachte sie nach Portland ins Krankenhaus. Zwei Wochen später war sie wieder am Set, um den Film zu beenden. »Meine Mutter hat mir die Entscheidung überlassen, aber ich glaube, sie hielt es für gescheiter, die Arbeit

1975: ECHOES OF A SUMMER

wieder aufzunehmen, ähnlich wie man das Pferd, das einen abgeworfen hat, wieder besteigen soll« (J. F., ebd.).

1972, nach den Dreharbeiten zu dem Film KANSAS CITY BOMBER (Round Up) nahm Brandy ihre neunjährige Tochter mit auf ihre erste große Reise nach Frankreich.

Die älteren Geschwister waren inzwischen ausgezogen, Jodie lebte von nun an allein mit ihrer Mutter. »1972 in Hollywood zu leben, das hieß, näher an der Wirklichkeit leben, als Sie es sich vorstellen können. Achtzig Prozent der Nachbarn, unter denen man lebt, sprechen Spanisch. Die Gegend ist von Schnellstraßen brutal zerschnitten, die meisten Mütter sind ledig. Das Hollywood, in dem ich groß geworden bin, ist alles andere als ein Traumgebilde. Mein Hollywood war eine absolut unattraktive Stadt« (J. F., *Der Spiegel*, Februar 1992).

Ben Starr, der Jodie 1972 die Titelrolle in dem CBS-Pilotfilm MY SISTER HANK verschaffte: »Sie bekam die Rolle, weil sie ihre Dialoge nicht wie eine altkluge Neunjährige, sondern wie eine gescheite junge Frau sprechen konnte. Was Jodie zu bieten hat, ist das Gesicht eines niedlichen kleinen Mädchens, aber es ist sehr aufreizend verpackt. Sie läßt künftige Lasterhaftigkeit erahnen, als würde sie sagen: ›He, Mister, ich wette, du kannst es gar nicht abwarten, bis ich erwachsen bin, oder?‹« (*Cult Movie Stars*).

Im Sommer 1972 reiste Jodie mit ihrer Mutter nach Arrow Rock, Missouri, um in dem Musical TOM SAWYER (Tom Sawyers Abenteuer) die Rolle der Becky Thatcher zu spielen. Anschließend übernahm sie in der kurzlebigen Fernsehserie BOB & CAROL & TED & ALICE (sieben Episoden) eine durchgehende Rolle. Nach ihren Berufsvorstellungen gefragt, antwortete sie zu dieser Zeit: »Rechtsanwältin oder vielleicht Präsidentin der Vereinigten Staaten«.

Anfang **1974** meldete sich Jodie Foster zum Vorsprechen für eine kleine Rolle in ALICE DOESN'T LIVE HERE ANYMORE (Alice lebt hier nicht mehr) und lernte so den Regisseur Martin Scorsese kennen. Scorsese: »Für die Rolle der Doris-Audrey haben wir uns jedes Mädchen angesehen, was auch nur im entferntesten dafür in Frage kam. Dann kam Ellen Burstyn zu mir und sagte: ›Es gibt da ein Mädchen, das du dir unbedingt ansehen solltest.‹ Ich werfe einen Blick auf die Aufnahme, die ihrem Lebenslauf beiliegt, und das Foto ist so sexy, es hätte direkt aus *Penthouse* stammen

1975: TAXI DRIVER

können. Da sitzen wir also in diesem Raum voller kleiner, her-
umalbernder Mädchen und Mütter, die nervös darauf warteten,
aufgerufen zu werden, und dann geht die Tür auf, und diese Jodie
Foster kommt herein, ein zart wirkendes Mädchen mit langem,
schönem blonden Haar und tiefer Stimme. Wir fragen sie: ›Was
hast du bisher gemacht?‹, und sie antwortet ganz lässig: ›Oh, jede
Menge‹. Und das mit dieser witzigen, wunderbaren Baßstimme.
Die und ihre ganze Art überzeugten uns: ›Alles klar‹, sagten wir,
›diese aufgeweckte Göre ist genau, was wir suchen!‹ Und sie
bekam ihren Vertrag« (*Film Comment*, März/April 1975).
Im Frühjahr 1974 drehte Jodie die dreizehnteilige TV-Serie PAPER
MOON (Papermoon), in der sie die das Mädchen Addie Pray
spielte, jene Rolle, mit der Tatum O'Neal unter Peter Bogdanovichs Regie auf der Leinwand ein Star geworden war. Für PAPER
MOON hatte sich Jodie die Haare kurz schneiden lassen müssen,
und so erschien sie auch am Set von ALICE DOESN'T LIVE HERE
ANYMORE. Regisseur Martin Scorsese: »Jodie Foster hatte nur
zwei Drehtage. Sie ist sehr selbstsicher, und ich habe es bedauert,
daß ich nicht länger mit arbeiten durfte. Sie hat wirklich Stil, und
alle kleinen Jungs – Ellen Burstyns Filmsohn Alfred Lutter ebenso
wie ihr richtiger Sohn – haben sich in sie verknallt. In den Szenen
zwischen Lutter und Jodie Foster kann man sehen, wie beeindruckt er von ihr ist. Diese Dynamik kam uns, glaube ich, sehr
zugute. […] Als Jodie Foster am ersten Drehtag auftauchte, hatte
sie ihre wunderschönen langen Haare abgeschnitten und sah aus
wie ein Junge. Und ich dachte mir, das könnte uns eigentlich von
Vorteil sein. So war es auch, denn so verleiht es der Idee dieses
Jungen, der allein von seiner Mutter erzogen wird und hier eine
erste Freundschaft erlebt, eine zusätzliche Dimension. Denn zu
wem baut er dieses Verhältnis auf? Zu einem Mädchen, das ihn
herumkommandiert, das stark und unabhängig ist. Das macht die
Sache interessant: ein kleiner Junge mit einer unabhängigen Mutter und einer unabhängigen Freundin. Und ich finde, die beiden
Kinder machen ihre Sache wirklich ausgezeichnet. Einige Leute
sind allerdings verwirrt; sie denken, Audrey sei ein Junge, der sich
als Mädchen verkleidet« (ebd.).
Im Lycée Français bekam Jodie lauter glatte A's (unseren Einser-
Noten vergleichbar). Bei Dreharbeiten stand ihr in schulischen
Dingen jemand vom Jugendamt zur Seite. »Ich trug große Verant-
wortung für meine Familie, und das nicht nur finanziell. Ich habe

1975: TAXI DRIVER

mich nie selbst als Kind empfunden. Ich lief als kleine Erwachsene herum. Aufmerksamkeit verschaffte ich mir, indem ich gute Noten heimbrachte, Fremdsprachen beherrschte, allgemein Bescheid wußte und immer pünktlich war. Wie soll man gegen seine Eltern rebellieren, wenn man selbst die Funktion der Eltern erfüllt?« (J. F., *Life*, September 1987).

Im Frühjahr **1975** spielte sie in THE LAST CASTLE (später umgetitelt in ECHOES OF A SUMMER), der in Kanada entstand, ein herzkrankes Mädchen. Danach erhielt sie das Angebot, in Martin Scorseses Film TAXI DRIVER eine junge Prostituierte zu spielen. »Als Marty mir das Drehbuch schickte, dachte ich, das wäre eine tolle Rolle für eine Einundzwanzigjährige. Ich konnte gar nicht glauben, daß sie wirklich mich dafür haben wollten« (J. F., *Time*, Februar 1976). Zunächst mußte sie eine vierstündige Sitzung bei einem Psychiater der University of California in Los Angeles über sich ergehen lassen, der prüfen sollte, ob sie für die Anforderungen der Rolle psychisch genügend stabil sei. »Ich nehme an, sie dachten, wenn ich bereit bin, so einen Part anzunehmen, könne ich nicht ganz normal sein« (J. F., ebd.). Brandy Foster: »Diese Untersuchung machte mich furchtbar wütend. Ich wußte, wie moralisch stark sie war. Sie hatte schon jahrelang vor der Kamera gestanden. Und sie hatte längst gelernt, zwischen dem, was sie spielte, und dem wirklichen Leben zu unterscheiden« (*Rolling Stone*, März 1991). Jodies Mutter an anderer Stelle: »Die Qualität eines Drehbuchs ist entscheidend – und die Frage, wer der Regisseur ist. Jodie hatte für Martin Scorsese schon in ALICE DOESN'T LIVE HERE ANYMORE gearbeitet, wir kannten ihn also. Ich glaube nicht, daß wir TAXI DRIVER mit irgend jemand anderem gemacht hätten. Fast alles ist machbar, wenn man mit Geschmack an die Sache herangeht« (*Seventeen*, Januar 1977).

In Robert Littmans Büro in Beverly Hills begegnete Brandy Foster im Frühjahr 1975 dem britischen Regisseur Alan Parker, der sich Jodie für BUGSY MALONE wünschte, nachdem Tatum O'Neal unerfüllbare Honorarvorstellungen geäußert hatte. Littman hatte Jodie in ECHOES OF A SUMMER gesehen und sie Parker empfohlen.

Am 9. Juni 1975 fiel in New York die erste Klappe zu TAXI DRIVER. »Zum erstenmal hatte ich das Gefühl, daß das, was ich machte, kein Hobby war, sondern richtige Kunst, richtige Arbeit, weil ich zum erstenmal nicht ich selbst, sondern jemand anders

TD-23

1975: TAXI DRIVER

sein mußte. Das war neu für mich, das hatte vorher noch nie jemand von mir verlangt, obwohl ich als Kind schon in Kostümfilme und Western und Dramen gespielt hatte. Bei Taxi Driver wurde mit viel größerer Sorgfalt gearbeitet« (J. F., *Interview*, August 1987). »Ich imitierte dauernd Bobby De Niro, und Scorsese feuerte mich immer an und sagte: ›Noch einmal, Jodie, mach's noch einmal!‹ Einmal hat er die Kamera laufen lassen und das Stück Film Bobby geschenkt« (J. F., *Premiere*, März 1991).

Im August 1975, gleich im Anschluß an Taxi Driver, flogen Jodie und ihre Mutter nach London zu den Dreharbeiten für Bugsy Malone. In letzter Minute wurde entschieden, Jodies Song »My Name is Tallulah« von einer Erwachsenen nachsynchronisieren zu lassen. Jodie und ihre Mutter zogen in Erwägung, die Produktionsfirma deswegen zu verklagen, nahmen aber dann doch davon Abstand.

Im Winter 1975 stand Jodie Foster in einem Studio von Montréal, in einem kanadischen Dorf und an der Küste des US-Bundesstaates Maine für den Film The Little Girl Who Lives Down the Lane (Das Mädchen am Ende der Straße) vor der Kamera. Zum erstenmal gehörte ein Film ganz ihr: Sie ist in jeder Szene zu sehen, die Geschichte wird aus ihrer Sicht erzählt. Nur wenn das Mädchen sich nackt auszieht und zu ihrem Freund ins Bett steigt, läßt die dreizehnjährige Jodie Foster sich von ihrer zwanzigjährigen Schwester Connie doubeln.

Sie wolle eine »sehr gute Schauspielerin« werden, sagte sie kurz nach dem Start von Taxi Driver im Februar **1976**. Und auf die Frage, ob sie nicht lieber eine ganz normale Kindheit gehabt hätte, antwortete sie: »Nein, denn ich habe statt dessen etwas anderes mitbekommen. Ich weiß, wie man mit Erwachsenen reden muß und wie man eine Entscheidung fällt. Die Arbeit vor der Kamera hat mich davor bewahrt, eine ganz normale unausstehliche Göre zu sein« (*Time*, Februar 1976). Sie hoffe, nach Taxi Driver weitere reifere Rollen angeboten zu bekommen. »Das einzige, worauf ich mich nicht einlassen würde, wären Nacktszenen. Außerdem würde sicher niemand eine Dreizehnjährige sehen wollen, die sich auszieht« (ebd.).

Im Mai 1976 liefen Taxi Driver und Bugsy Malone bei den Filmfestspielen in Cannes, beide im Wettbewerb, der eine für die USA, der andere für Großbritannien. Taxi Driver wurde mit der Goldenen Palme ausgezeichnet.

1975: BUGSY MALONE

Im Frühjahr/Sommer 1976 drehte Jodie Foster ihre letzten beiden Walt-Disney-Filme: FREAKY FRIDAY (Ein ganz verrückter Freitag) in Los Angeles, CANDLESHOE (Abenteuer auf Schloß Candleshoe) in England. Zwischen den beiden Filmen lagen nur drei Wochen Pause. Im Herbst flog sie für zehn Tage nach Paris, um sich in THE LITTLE GIRL WHO LIVES DOWN THE LANE selbst auf Französisch zu synchronisieren.

Am Samstag, den 27. November 1976, kurz nach ihrem vierzehnten Geburtstag, absolvierte Jodie einen Gastauftritt in SATURDAY NIGHT LIVE. »Es ist eine völlig irre Sendung, aber ich liebe sie sehr. In einem Sketch will Tinkerbell mich in ein Land bringen, wo man nie erwachsen wird. Völliger Blödsinn, aber unwahrscheinlich komisch. Es war das erstemal, daß ich etwas gespielt habe, was live ausgestrahlt wurde. Aber im Hintergrund werden immer Tafeln mit den Dialogen hochgehalten, für den Fall, daß man steckenbleibt. Kein Problem also« (J. F., *Andy Warhol's Interview*, Januar 1977). Am Tag darauf traf Jodie sich im Café Pierre, Ecke Fifth Avenue und East 61st Street, mit Andy Warhol zu einem Gespräch für Warhols Magazin *Interview*.

Frage von Andy Warhol: »Wann wirst du heiraten?« Jodie: »Nie, hoffe ich. Das muß doch langweilig sein – sich mit jemandem das Badezimmer zu teilen.« Warhol: »Da stimmen wir völlig überein! Ich bin mit meinem Hund verheiratet. Das solltest du dir auch überlegen.« Jodie: »Sabbert der nicht alles voll?«

Andy Warhol: »Wie hast du dir deinen… Stil angeeignet? Ich meine, du *hast* Stil. Kam das ganz von selbst?« Jodie: »Keine Ahnung, ich hab' mit drei Jahren angefangen. Man sagt seine Dialogsätze auf, und das ist alles, schätze ich.« Warhol: »Aber ich spreche von Farben und Kleidung und all dem.« Jodie: »Ich glaube nicht, daß ich darin Stil habe. Ich bevorzuge Jeans und ein T-Shirt.«

Andy Warhol: »Hast du nach TAXI DRIVER Briefe von Verrückten bekommen?« Jodie: »Keinen einzigen.«

Andy Warhol: »Du solltest bald Regie führen!« Jodie: »Das habe ich auch vor.« Warhol: »Kauf' dir gleich nächste Woche ein Drehbuch!« Jodie: »Am Anfang würde ich aber nicht auch noch selbst spielen wollen. Ich will mir nicht meine Karriere kaputt machen. Besser die Karriere eines anderen ruinieren.«

Andy Warhol: »Hat man dir schon gesagt, daß du schön bist?« Jodie: »Meine Mutter findet, daß ich gut aussehe, aber das über-

1976: CANDLESHOE

höre ich.« Warhol: »Aber du bist wirklich schön.« Jodie: »Ich verstehe das nicht. Ich finde das wirklich zu blöd. Denn wenn ich mich selbst betrachte, sehe ich folgendes: Ich habe eine Lücke zwischen meinen Schneidezähnen, eine häßliche Nase, blonde Augenbrauen (was Schlimmeres gibt es gar nicht), Augen, die so runtergehen, einen roten Flecken im Auge, Pausbäckchen, glattes Haar…« Warhol: »Aber das wünschen sich doch alle!«

Im Januar **1977** zierte Jodie Fosters Bild das Cover von *Andy Warhol's Interview*; im Innenteil des Heftes das Protokoll des Gespräches. Im Februar wurde Jodie Foster für einen Oscar als beste Nebendarstellerin in TAXI DRIVER vorgeschlagen. Für ihre Rollen in TAXI DRIVER und BUGSY MALONE erhielt Jodie den Stella 1976 der British Academy of Film and Television Arts (BAFTA). Für TAXI DRIVER wurde sie außerdem mit dem New York Film Critics Award, dem National Film Critics Award und dem Los Angeles Film Critics Award als beste Nebendarstellerin ausgezeichnet. In Italien bekam sie den Donatello für TAXI DRIVER und den Preis für Situationskomik für BUGSY MALONE.

Im Frühjahr nahm Jodie an der Oscar-Zeremonie teil. »Es war toll, ich war fürchterlich aufgeregt. Meine Mutter ließ mich nie mit Jungen ausgehen, aber zu diesem Ereignis durfte ich jemanden einladen. Ich kam also mit diesem Jungen namens Todd Katz, in den ich damals verknallt war. Heute ist er Immobilienmakler bei Coldwell Banker. Er trug einen Miniatur-Smoking, und ich war ganz hingerissen. Alle haben mir gesagt, ich würde gewinnen – ich war der heiße Tip. Nur meine Mutter sagte dauernd, ich würde nicht gewinnen. Und als ich dann wirklich verlor (den Oscar bekam Beatrice Straight in NETWORK), war ich schon ein bißchen enttäuscht, aber nur für eine Minute. Ich meine, wenn man dreizehn ist, weiß man einfach, daß man nicht den Oscar gewinnt. Also wirklich! Man weiß einfach, daß ihn jemand bekommt, der wirklich erwachsen ist!« (J. F., *Exposure*, Juli/August 1989).

Im März/April 1977 drehte Jodie Foster in Rom den Film CASOTTO. Überraschenderweise war es nicht Jodie Fosters Leistung in TAXI DRIVER gewesen, die Regisseur Sergio Citti auf die Idee gebracht hatte, ihr die Rolle einer schwangeren Vierzehnjährigen anzubieten: Citti hatte nur einen Zeitungsartikel über die junge Schauspielerin gelesen. Jodie pickte sich Cittis Drehbuch unter fünfzehn Angeboten aus Europa heraus. Sie kam ohne Vorspre-

Andy Warhol's Interview

jan

$1 00
35p UK
10 FR

Jodie Foster

Januar 1977

69

chen oder Probeaufnahmen gleich zu den Dreharbeiten (in Begleitung ihrer Mutter und eines Privatlehrers).

Jodie und ihre Mutter blieben noch in Europa, und im Sommer 1977 drehte Jodie MOI, FLEUR BLEUE in Paris, im Quartier du Marais. »Ich glaube, es gibt niemanden, der an MOI, FLEUR BLEUE etwas gut finden könnte. Das ist sicher der schlechteste Film, den ich je gemacht habe. Aber ich war jung, ich wollte einfach nur einen Film auf Französisch drehen, ich las das Drehbuch, und da keiner, den ich kannte, Französisch verstand, entschied ich ganz allein« (J. F., Gespräch mit dem Autor). In Paris richtete sie sich eine Wohnung ein, um dort regelmäßig ihre Ferien zu verbringen. »In Frankreich zu leben, ist ein wichtiger Teil meines Lebens und wird es immer sein. Ich habe die Wohnung immer noch. Ich fühle mich dort geborgen und kann mich in Paris wunderbar erholen« (J. F., *Movieline*, Oktober 1991). Mit dem Lied »When I Looked At Your Face«, das in MOI, FLEUR BLEUE zu hören ist, nahm Jodie in Paris auch ihre erste Platte auf.

Für den Time-Life/BBC-Dokumentarfilm AMERICANS bekam sie die Gelegenheit, einen eigenen Kurzfilm zu realisieren: HANDS OF TIME.

1978 wurde Jodie Foster für ihre Rolle in dem TV-Film ROOKIE OF THE YEAR (Das Spiel des Jahres) mit einem Emmy Award ausgezeichnet.

Im San Fernando Valley, also praktisch vor ihrer Haustür, drehte sie FOXES (Jeanies Clique), den einzigen ihrer Filme, in dem auch ihr Bruder Buddy zu sehen ist.

Im April/Mai **1979** entstand in Georgia der Film CARNY (Jahrmarkt), in dem sie die Rolle der Donna spielt. »Donna legt eine Erfahrung an den Tag, die ich in meinen anderen Filmen noch nicht spielen konnte. Alle sagen mir, ich müsse eine Übergangsphase in meiner Karriere überstehen, dabei glaube ich, daß ich das längst hinter mir habe« (J. F., *American Film*, März 1980).

1980 absolvierte Jodie Foster ihren College-Abschluß (Baccalauréat) am Lycée Français. Sie war Klassenbeste und hielt ihre Abschlußrede auf Französisch. Danach bewarb sie sich unter ihrem Geburtsnamen an den Universitäten Yale, Berkeley, Harvard, Princeton und Stanford. Sie wurde von allen angenommen und entschied sich für Yale, »weil es nicht weit von New York ist, aber doch nicht *in* New York« (J. F., *Movieline*, Oktober 1991). »Den Sommer 1980 habe ich damit verbracht, mir vorzustellen,

1977: Moi, Fleur Bleue

was ich ›werden‹ würde, wie es wohl sein würde als Studentin an einer Eliteuniversität. Ich kaufte mir eine Menge Lacoste-Klamotten, stemmte jeden Morgen meine Drei-Pfund-Hanteln, spielte nachmittags Tennis. Ich wollte die Art Mädchen sein, die freundlich, beliebt und gesellig ist. Im Prinzip könnte man sagen, ich wollte Anonymität – entstanden aus dem Bedürfnis, als Gleiche unter Gleichen ganz und gar akzeptiert und doch für die Ergebnisse meiner Arbeit respektiert zu werden. Vielleicht habe ich mir selbst etwas vorgemacht. Vielleicht versuchte ich nur, dem zu entfliehen, was ich als unverdientes Image empfand« (J. F., *Esquire*, Dezember 1982).

Im Herbst begann Jodie Foster ein Studium der englischen Literatur an der Yale University in New Haven, Connecticut. »In Yale strebte ich nach Anerkennung. Ich ließ mich bei jeder Veranstaltung meines Jahrgangs sehen und war bei jedem College-Ereignis dabei, um ihnen zu beweisen, daß ich in Ordnung war, normal, eine von ihnen. Aber als die Wochen verstrichen, merkte ich, daß das gar nicht stimmte. Ich hatte immer noch meine Arbeit, ich mußte Anwälte anrufen, für Fotografen posieren. Erst zwei Jahre später wurde mir klar, daß es völlig in Ordnung war, anders zu sein. Besser sogar. Verstanden zu werden ist nicht das Allerwichtigste im Leben« (J. F., ebd.).

»Etwa um diese Zeit begann ich, meine Karriere in Frage zu stellen. Ich stürzte mich voll ins Studium. Ich wollte immer in Yale bleiben, Vorträge halten, literarische Erkenntnisse niederschreiben, über Menschen lesen, die schon lange tot waren, meine innere Zufriedenheit bewahren. Die Vorstellung, je in eine Garderobe zurückzukehren und mit Miss Foster angesprochen zu werden, erschien mir abwegig und unnatürlich. Ich hatte keine Lust mehr, auf Telefonanrufe von Zuhause, von Agenten, von wohlmeinenden Arbeitgebern zu reagieren. All diese notierten Bitten um Rückruf bedeuteten nur, daß ich immer noch abhängig war, immer noch ihrem prüfenden Blick ausgesetzt. Vielleicht machte ich mir ja selber etwas vor. Das heißt, ganz sicher sogar« (J. F., ebd.).

Am letzten März-Wochende **1981** trat Jodie an der Universität in fünf Aufführungen des Stückes *Getting Out* von Marsha Norman auf, das in einem Gefängnis spielt. Sie verkörperte ein junges Freudenmädchen, das wegen Mordes an einem Taxifahrer verurteilt wurde. »Die Tatsache, daß ich mich überhaupt dazu entschloß, in Yale in einem Stück mitzuwirken, versetzt mich immer

1978: Foxes

noch in Erstaunen. Bühnenarbeit war mir schon immer ein Greuel gewesen; ich hatte nicht die blasseste Ahnung davon. Aber einer meiner besten Freunde führte Regie, und viele meiner Studienkollegen spielten mit. Ich denke, ich ließ mich aus den verkehrten Gründen darauf ein. Ich wollte von ihnen geliebt werden. Von den Zuschauern, den Schauspielern, meinen Freunden. Ich wollte eine Erfahrung mit ihnen teilen, um die bereits im Tauen begriffenen Schranken schneller zum Schmelzen zu bringen« (J. F., ebd.).

Am 30. März 1981 feuerte der sechsundzwanzigjährige John Warnock Hinckley Jr., der sechzehn Mal TAXI DRIVER gesehen und Jodie Foster monatelang mit Liebesbriefen, Gedichten und Anrufen bombardiert hatte, in Washington vor dem Hilton Hotel Schüsse auf Präsident Ronald Reagan ab und verletzte ihn und drei von Reagans Begleitern, darunter James Brady, den Pressesprecher des Weißen Hauses. »Was mir vielleicht am meisten Angst einjagte, war die Reaktion der Presse. Schlagzeilen wurden zusammengezimmert, und ganze Horden von Journalisten stürmten das Universitätsgelände. Ich konnte mich nicht davor schützen, niedergetrampelt zu werden. Aber ich organisierte meine Pressekonferenz, verfaßte eine Stellungnahme, alles gegen den Willen der Behörden. Ich wollte das alles so rasch wie möglich hinter mich bringen. Der Presse war es fast egal, daß sie mich in Fleisch und Blut vor sich hatten; für sie zählte die Story – der Aufmacher aus Halbwahrheiten und bizarren Details. Ein kompromittierendes Foto, ein kurzer Kommentar war alles, was sie brauchten. Ich müßte lügen, wenn ich behaupten wollte, daß ich mich von diesen freundlichen Herren und Damen mit ihren Nikons und ihren Mikrofonen nicht ausgebeutet gefühlt hätte. Plötzlich war es ihnen gestattet, mein Leben zu zerstören, weil das eben ihr ›Job‹ war. Personen, die in der Öffentlichkeit stehen, müssen damit immer rechnen, wurde mir gesagt. […] Ich stürzte mich wieder ins Studium. Die anderen strengten sich an, sich möglichst desinteressiert zu zeigen. Einige meiner Freunde wollten mein Recht auf Privatsphäre respektieren, einige lächelten und gingen ihre eigenen Wege. Aber ich wußte, daß es zwei Jodie Fosters gab. Die eine war so groß wie eine Kinoleinwand, eine Technicolor-Vision mit wehenden blonden Haaren und einem selbstsicheren Lächeln. Das war die Frau, die alle kannten. Aber die zweite Jodie war eine Vision, die nur ich kannte. Sie zeigte sich gern mutig und gewitzt, aber hinter dieser Fassade verbarg sich ein verkrüppeltes

1979: CARNY

Geschöpf ohne Selbstachtung, ein zerbrechliches und entfremdetes Wesen. [...] Nicht lange, und ich fragte mich: *Warum ich? Warum nicht jemand wie Brooke Shields?* Durch diese Frage fühlte ich mich schäbiger – und je schäbiger ich mich fühlte, desto schwieriger war sie zu beantworten« (J. F., ebd.).

Jodie Fosters Zimmergenosse und enger Freund in Yale war Jon Hutman, später Produktionsdesigner ihres Regiedebüts LITTLE MAN TATE (Das Wunderkind Tate, 1990/91). Hutman: »Wegen all der Drohungen wollte die Universitätsleitung kein Risiko eingehen. Deshalb waren überall Sicherheitsbeamten. Sie durchsuchten unser Apartment, ehe sie Jodie hereinließen« (*Interview*, September 1989).

Am 4. und 5. April fand das zweite und letzte Aufführungswochenende von *Getting Out* statt. Während der ersten Vorstellung wurde Jodie Foster auf das Klicken eines Fotoapparates aufmerksam; später erfuhr sie, daß der Produzent des Stückes entgegen ihres ausdrücklichen Wunsches einen Fotografen in den Saal gelassen hatte. Nach der dritten Aufführung fand man am schwarzen Brett einen Zettel: »Noch vor Ende der letzten Vorstellung wird Jodie Foster nicht mehr leben.« Die Sache erwies sich als geschmackloser Scherz. Umgeben von Sicherheitskräften, konnte Jodie Foster ihre Bühnenauftritte absolvieren, ohne daß ihr etwas passierte. Aber wenige Tage später wurde ein Schreiben unter der Tür ihres Zimmers geschoben, auf dem der anonyme Absender drohte, »zu beenden, was Hinckley begonnen hat«. Der Verfasser des Briefes wurde später in New York am Port-Authority-Busbahnhof verhaftet und als Edward Michael Richardson aus Philadelphia identifiziert. Der Mann, der eine geladene Waffe bei sich trug, kam gerade aus New Haven und hatte in einer der Vorführungen im Saal gesessen, um Jodie zu sehen. Auch er war seit TAXI DRIVER in sie verliebt. Sie sei zu hübsch, deshalb habe er sie nicht getötet, gab er bei seiner Verhaftung an. »Nach Richardsons Verhaftung – er wurde ein Jahr später auf Bewährung entlassen – fand eine große Veränderung mit mir statt, wie ich mir sagen ließ. Ich begann, hinter den alltäglichsten Geschehnissen Todesgefahr zu wittern. Wenn man mich fotografierte, hatte ich das Gefühl, erschossen zu werden, und das geht mir noch heute so« (J. F., *Esquire*, Dezember 1982).

Am 20. April erschien in *People* ein Artikel über Jodie Foster. »Dieser Artikel war vielleicht der schlimmste Tod von allen. Ein ambitionierter Yale-Student ein paar Semester über mir, dem ich

1979: CARNY

nie begegnet bin, hatte bei *People* ein Manuskript eingereicht, das sie einfach nicht ablehnen konnten. Er bot einen Knüller an: Er berichtete über meine Art, mich zu kleiden, meine bevorzugten Restaurants, meine Freunde, meine Seminare, darüber, mit wem ich ausging – einfach über alles. Und dieser ambitionierte Yale-Student bestätigte meine schlimmsten Befürchtungen: daß ich beobachtet worden war. Ich war beobachtet worden ab dem Tag, an dem ich das Universitätsgelände betreten hatte. [...] Nein, die Sache mit Hinckley zerstörte nicht meine Anonymität; sie zerstörte nur meine Illusion davon. Jeder Mann und jede Frau auf der Welt besaß das Recht, mich anzustarren, mit dem Finger auf mich zu zeigen, mich zu beurteilen, denn... das war mein Job. Dafür wurde ich bezahlt. [...] Jedenfalls konnte ich noch froh darüber sein, daß das Attentat stattfand, während ich in Yale studierte. Wer weiß, welchem Neid und welcher Gewalt ich aus dem Weg gegangen war, indem ich Hollywood den Rücken gekehrt hatte. [...] Zumindest war ich in Yale sicher gewesen« (J. F., ebd.).

Nach Ende des ersten Studienjahres an der Yale University zog sich Jodie Foster im Mai 1981 auf eine Gesundheitsfarm in den Bergen zurück. Danach spielte sie in Los Angeles in William S. Bartmans Film O'HARA'S WIFE eine kleinere Rolle. Sie hatte den Regieneuling bei den Dreharbeiten zu CARNY kennengelernt, wo er als Nebendarsteller mit von der Partie gewesen war.

Im Oktober kündigten Hinckleys Anwälte an, bei ihrem Klienten auf Unzurechnungsfähigkeit zu plädieren. Das Nachrichtenmagazin *Time* veröffentlichte einen Brief von Hinckley, in dem dieser sich über die Gefühle ausläßt, die er für Jodie Foster empfindet, und Auszüge aus Protokollen von Telefongesprächen zwischen Hinckley und Jodie Foster vom vergangenen Winter.

Im Winter **1981/82** nahm alles wieder seinen normalen Gang. »Aber am Ende des Semesters sah ich mir jeden Abend einen Film an. Ich wurde unruhig. ›Nur Uni‹ war nicht genug. Wie vom Himmel geschickt, kam ein Drehbuch in meine Hände, eines, das mir gefiel. Gedreht werden sollte in Manhattan. Mit Peter O'Toole in der Hauptrolle. Eine Gelegenheit, vor der Kamera zu singen. Ich war begeistert... und, zum erstenmal seit zwei Jahren, verliebt in ein Projekt. Und SVENGALI erwies sich als ein Film, der mir rundherum Spaß machte. Er versöhnte mich wieder mit meinem Beruf. Er vertrieb die meisten Unsicherheiten; er heilte meine Wunden« (J. F., ebd.).

1982: Svengali

Im April erschien Jodie Foster in Washington D.C. vor Gericht und machte im Prozeß gegen Hinckley ihre Aussage. Im Juni befanden die Geschworenen: nicht schuldig wegen Unzurechnungsfähigkeit. Für Hinckley bedeutete dies trotzdem die Zwangseinweisung in eine psychiatrische Heilanstalt.

Von Lee Eisenberg, dem damaligen Chefredakteur von *Esquire*, erhielt Jodie Foster das Angebot, im Sommer 1982 ein Praktikum bei der Zeitschrift zu absolvieren. Jodie akzeptierte. Es schloß sich ein Aufenthalt in der Bundesrepublik an, wo sie mit Regisseur Ken Russell den Film THE BEETHOVEN SECRET drehen sollte. »Ich saß in Deutschland und wartete auf den Drehbeginn, und dann platzte die Finanzierung. Der Film wurde nie gemacht, dabei war es ein wunderbares Drehbuch. Anthony Hopkins sollte Beethoven spielen, auch Vanessa Redgrave und Glenda Jackson wären mit von der Partie gewesen« (J. F., Gespräch mit dem Autor). Sie nutzte die Wartezeit, um für *Esquire* einen Artikel zu schreiben, in dem sie die Hinckley-Affäre aus ihrer Sicht schildern wollte.

Im September 1982 veröffentlichte Jodie Foster in der Fachzeitschrift *Film Comment* ein Interview, das sie mit Nastassja Kinski führte. Im Herbst setzte sie ihr Studium an der Yale University fort. Über Truffauts JULES ET JIM verfaßte sie eine Seminararbeit. Im Dezember veröffentlichte sie ihren Artikel »Why Me?« in *Esquire*.

Von Mai bis Juni **1983** stand Jodie Foster in Montréal und Québec unter der Regie von Tony Richardson für die John-Irving-Verfilmung THE HOTEL NEW HAMPSHIRE (Hotel New Hampshire) vor der Kamera. Für die Rolle der Susie, die sich für so häßlich hält, daß sie sich in einem Bärenfell versteckt, empfahl Jodie ihre Freundin Nastassja Kinski. »Rob Lowe, Nastassja Kinski und ich haben uns so gut verstanden wie Geschwister. Wir waren gefährlich – wie übermütige Kinder: gehässig, ekelhaft, laut, gemein zu anderen. […] Als der Film abgedreht war, hatten wir Tränen in den Augen, wir waren betrunken und wußten, es würde nie noch einmal so sein. Wir hatten einen Rausch erlebt. Wir hatten etwas verloren – unser altes Selbst – und etwas Neues gewonnen. Es war, als seien wir zum erstenmal verliebt gewesen: absolute Intimität, absolutes Vertrauen. Die Hierarchie war unwichtig, und es betraf auch nicht nur die Schauspieler – auch der Tonmann gehörte dazu, der Requisiteur… Ich hätte splitternackt den Mond anheulen und am Set die Verrückte spielen können und hätte doch

1983: THE HOTEL NEW HAMPSHIRE

gewußt, daß ich ihnen vertrauen kann« (J. F., *Interview*, August 1987).

Sofort im Anschluß daran flog sie nach Paris, um von August bis September in der Simone-de-Beauvoir-Verfilmung THE BLOOD OF OTHERS / LE SANG DES AUTRES vor der Kamera zu stehen. »Als ich aufs College ging und nur einen Film pro Jahr drehte, war ich entschlossen, nicht in irgendwelchen dummen Komödien mitzuspielen, und meine Filme wurden keine großen Kassenerfolge. Und die Leute, die ich kannte, fragten mich andauernd: Wann machst du endlich ST. ELMO'S FIRE? Oder etwas in der Art. Das setzte mir eine Zeitlang ganz schön zu« (J. F., *Vogue*, Februar 1991).

1984 trat sie zum erstenmal bei einem ihrer Filme als Koproduzentin in Erscheinung: MESMERIZED entstand in Neuseeland nach einem Originaldrehbuch von Jerzy Skolimowski. Der »feministische Neo-Gruselfilm« (J. F., *American Film*, Oktober 1988) gelangte allerdings nie ins Kino.

1985 machte sie ihren Studienabschluß (Bachelor of Arts, Hauptfach Literatur, Spezialgebiet afro-amerikanische Autorinnen) an der Yale University und erhielt für eine Arbeit über die schwarze Schriftstellerin Toni Morrison die höchste Note (magna cum laude). »Während meiner Studienzeit habe ich sechs [sic] Filme gemacht. Ferien gab es für mich in den College-Jahren kein einziges Mal. Wenn ich zwei Wochen frei hatte, gab es garantiert irgend welche Synchrontermine oder eine Publicity-Tour. Oder ich war mit einem Film noch nicht fertig und schrieb meine Klausuren am Drehort. Es gab viele Dinge, die ich mir felsenfest vorgenommen hatte. Ich wollte keine schlechten Noten bekommen. Ich wollte keine Arbeit mit nach Hause nehmen oder nur drei Seminare pro Semester besuchen. Auf keinen Fall wollte ich das Studium halbherzig betreiben. Nach meinem Abschluß verbrachte ich die berühmten zwei Wochen im Bett und sah jede Menge fern. Ich habe es als großen Verlust empfunden, die Universitätszeit zu beenden. Man bekommt Angst wie nach dem Ende einer Beziehung« (J. F., *Life*, September 1987).

Ihre Karriere befand sich zu dieser Zeit an einem Tiefpunkt. »Das war eine düstere Zeit. Eines Tages habe ich mir gesagt: ›Das ist mir zu blöd. Da ich keine Arbeit habe, werde ich eben an meinem Körper arbeiten.‹ Also verbrachte ich ganze Tage in der Turnhalle – mit Karate, Aerobic, Yoga, Gewichtheben, einfach allem. Ich stellte mich auf organisches Essen um. Ich aß jeden Tag um die

1986: SIESTA

gleiche Zeit am selben Ort zu Mittag und erledigte um drei meine Telefonanrufe. Ich lebte streng nach Stundenplan, um nicht in einen Abgrund zu fallen. Das war meine Art, das Leben wieder in den Griff zu kriegen« (J. F., *Redbook*, November 1991).

1986 stand sie nach zweijähriger Pause endlich wieder vor der Kamera und drehte gleich zwei Filme hintereinander. Ende August flog sie für eine kleine Rolle in SIESTA (Siesta) nach Spanien, und im September folgte FIVE CORNERS (Five Corners/Pinguine in der Bronx), der zwar in Queens, New York, entstand, aber in der Bronx spielte. Regisseur Tony Bill: »Jodie Foster machte sich Gedanken, ob sie den Bronx-Akzent wohl überzeugend genug hinkriegen würde. Wir trieben einen Dialektspezialisten auf und brachten ihn für einen Tag an den Set, um mit ihr an dem Akzent zu arbeiten. Aber schon nach etwa einer Stunde sagte er: ›Sie hat es‹, und so war es« (*Film Directors on Directing*). Jodie Foster über ihre Rolle als Linda: »Sie glaubt, daß es ihrem Entführer bessergeht, wenn sie mit ihm spricht und ihn versteht. Genauso wie du ein Reptil in einem Käfig hältst und hegst, damit seine wahre, bösartige Natur nicht zum Vorschein kommt. Das Traurige bei Linda ist, daß sie nicht aufhören kann, Leute zu umsorgen. Und genauso geht es mir auch. Ich habe den mütterlichen Drang, Schwächere zu unterstützen« (*Cosmopolitan*, Januar 1989).

Am 27. April **1987** begannen in Vancouver die Dreharbeiten zu RECKLESS ENDANGERMENT (Arbeitstitel des späteren THE ACCUSED). Jodie Foster hatte kämpfen müssen, um die Rolle des Vergewaltigungsopfers Sarah Tobias zu bekommen. Die Produzenten hatten zunächst befürchtet, sie sei für den Part zu dick. Regisseur Jonathan Kaplan: »Von allen Schauspielern, die meiner Meinung nach auch gute Regisseure wären, ist sie diejenige, die den Schritt wirklich tun wird« (*American Film*, Oktober 1988). Kaplan weiter: »Jodie verbringt mehr Zeit am Set als jeder andere, mit dem ich gearbeitet habe. Sie kriegt einfach nicht genug. Und sie ist nicht im mindesten eingebildet. Sie versteht sich ausgezeichnet mit den Assistenten oder Beleuchtern. Sie betrachtet sich als Mitglied des Teams, das hat sie in den Knochen« (*Rolling Stone*, März 1991). Kaplan über die Vergewaltigungsszene, die fünf Drehtage in Anspruch nahm: »Das war für viele am Set eine schlimme Erfahrung. Der einzige Unterschied zu einer wirklichen Vergewaltigung war, daß ich ›Cut‹ rufen konnte. Einige der Schauspieler brachen weinend zusammen. Jodie sagte zu mir: ›Es

1986: FIVE CORNERS

wird mich sehr mitnehmen, okay, aber mach dir um mich keine Sorgen.‹ […] Eine Methode, mit der sie ihre eigenen Ängste überwand, war, die anderen zu trösten. So verhält sie sich auch im wirklichen Leben« (*Interview*, September 1989). »THE ACCUSED war der Moment in meinem Leben, wo ich wirklich gemerkt habe, daß der Beruf der Schauspielerin immer das war, was ich sein wollte. Daß dieser Beruf mich letztlich doch vollständig und vollkommen befriedigt« (J. F., *Movieline*, Oktober 1991).

Im Sommer 1987 folgte STEALING HOME (Katies Sehnsucht) in New Jersey und Pennsylvania. Das Team gab ihr den Spitznamen »BLT«, eine Abkürzung für »the bossy little thing«, »die Kleine, die gern herumkommandiert«. Das gefiel ihr. Danach war Jodie Foster im Gespräch für die Titelrolle in Paul Schraders PATTY HEARST, die dann aber Natasha Richardson bekam.

1988 entstand von Mai bis Juni in Los Angeles, Seattle und New Mexico der Film BACKTRACK von und mit Dennis Hopper. »Dennis ist wie ein kleiner Bruder, aber trotzdem eine Autoritätsperson. Es macht ihm Spaß, so zu tun, als sei er der vulgärste Mensch auf der Welt. Aber da nehme ich es ohne weiteres mit ihm auf« (J. F., *American Film*, Oktober 1988). »Er ist sehr sexy und sehr, sehr attraktiv. Er weiß eine Menge und ist viel herumgekommen. Ich glaube, es ist seine verruchte Vergangenheit, die ihn so anziehend macht« (J. F., *Interview*, September 1989).

Im Februar **1989** begleiteten Jodie und Brandy Foster THE ACCUSED (Angeklagt) nach Berlin, wo der Film im Wettbewerb der 39. Internationalen Filmfestspiele zu sehen war. Im April erhielt Jodie Foster für die Rolle der Sarah Tobias in THE ACCUSED den Oscar als beste Schauspielerin. Bei der Verleihung sagte sie: »Mir sind nur ganz wenige Dinge wichtig – die Liebe, die Arbeit, die Familie. Und dieser Film war für uns etwas ganz besonderes, weil er alle drei Elemente in sich vereint. Mein Dank gilt meiner ganzen Familie, meinen Ahnen, dem wunderbaren Team von THE ACCUSED, Jonathan Kaplan, Kelly McGillis, Tom Topor, Paramount, der Academy, meinen Schulen und ganz besonders meiner Mutter, Brandy, die mir beigebracht hat, daß alle meine Kinderzeichnungen Picassos sind und daß ich vor nichts Angst zu haben brauche. Und vor allem, daß Gewalt vielleicht zu unserer Kultur und zur menschlichen Natur gehören mag, aber niemals zu akzeptieren ist. Darum geht es in diesem Film.« Es war die bei weitem gescheiteste Dankesrede des Abends. Jodie Foster später: »Einen Oscar

1987: THE ACCUSED

zu gewinnen, bedeutet, daß Projekte, die nicht realisiert werden konnten, jetzt eine Chance haben, weil du sagst, du möchtest dabeisein. Und das bedeutet wiederum, daß ich eine Menge Zeit damit verbringen werde, darüber nachzudenken, für welche Projekte ich mich einsetzen würde. Auch selber Regie zu führen, schließe ich nicht aus. Ich habe da schon ein paar Ideen, die ich mir vorstellen könnte zu verfilmen. Das Wunderkind – das wird ganz bestimmt ein Thema meiner Arbeit werden« (J. F., *Interview*, September 1989).

Sie verließ ihr Triple-Deck-Condo im San Fernando Valley und zog in ein Haus mit Bäumen drum herum, ebenfalls im Valley, nicht weit vom Haus ihrer Mutter in Calabasas, meilenweit vom nächsten Studio entfernt. Ihr Freund Jon Hutman: »Unsere Beziehung besteht zur Hälfte darin, daß ich ihre Seifenblasen zerplatzen lasse. Als sie ein Haus kaufte, dachte ich, na großartig, jetzt besitzt sie endlich die Autorität eines Eigenheimbesitzers!« (ebd.).

Von November 1989 bis März **1990** spielte sie in Pittsburgh/ Pennsylvania unter der Regie von Jonathan Demme die FBI-Anwärterin Clarice Starling in der Thomas-Harris-Verfilmung THE SILENCE OF THE LAMBS (Das Schweigen der Lämmer). Jodie Foster hatte sich um die Rolle bereits zu einem Zeitpunkt bemüht, da das Drehbuch noch in Arbeit war. Demme: »Michelle [Pfeiffer] las das Buch, und es stellte sich heraus, daß sie mit der düsteren Stimmung der Geschichte einfach nicht klar kam. Da ich nicht auf den Kopf gefallen bin, setzte ich mich mit Jodie zusammen. Sie half mir, einen besseren Zugang zu der Hauptfigur und vor allem zu einigen wichtigen Szenen zu bekommen, mit denen ich anfangs Probleme hatte. Und sie gab mir zu verstehen, daß es wirklich das Vernünftigste wäre, ihr die Rolle zu geben« (*Rolling Stone*, März 1991). Über die Szene, in der Clarice Starling eine Leichenbeschauung durchführen muß, sagt Demme: »Das ist der Augenblick, in dem Clarice ihre Unschuld verliert und zu einem absoluten Profi wird. Jodies Gesicht bei den Aufnahmen zu dieser Szene zu beobachten, gehörte zu den erregendsten Momenten, die ich je an einem Set erlebt habe. Mir gefällt sie in dieser Rolle mehr als in jedem anderen ihrer Filme. Beim Verkörpern dieser Figur brauchte sie die Intelligenz, über die sie im wirklichen Leben verfügt, erstmals nicht zu verbergen« (ebd.).

Von Juli bis August 1990 realisierte Jodie Foster in und um Cincinnati/Ohio ihr Regiedebüt LITTLE MAN TATE (Das Wunder-

1989/90: The Silence of the Lambs

kind Tate). Für Scott Franks Drehbuch hatte sich kurzzeitig auch Joe Dante interessiert. Im Dezember unterbrach sie die Arbeit am Schnitt von LITTLE MAN TATE für eine Woche, um in New Yorks Kaufman Astoria Studios eine kleine Rolle in Woody Allens SHADOWS AND FOG (Schatten und Nebel) zu spielen. »Eigentlich erstaunlich, daß mir seine ungewöhnliche, seltsame Arbeitsmethode gar nichts ausgemacht hat. Niemand bekommt das Drehbuch zu lesen, niemand kennt den Titel des Films oder weiß, worum es geht. Man erfährt weder, wo der Film spielt, noch in welcher Zeit. Er hat als einziger den ganzen Film im Kopf. [...] Ich konnte den Film nicht ernst nehmen, weil ich nicht wußte, wovon er handelt. Normalerweise würde mich das stören, weil ich nicht weiß, wie ich spielen soll, wenn ich die Handlung nicht kenne, aber er will nun einmal so arbeiten und nicht anders« (J. F., *Movieline*, Oktober 1991).

Im Februar **1991** widmete das Walker Art Center in Minneapolis Jodie Foster eine Retrospektive: »Growing up On-Screen«. Am 14. Februar kam THE SILENCE OF THE LAMBS in die amerikanischen Kinos. Schwulenorganisationen warfen dem Film eine homosexuellenfeindliche Haltung vor (der Serienkiller im Film mordet, um buchstäblich in die Haut von Frauen schlüpfen zu können) und forderten Jodie Foster auf, sich als Lesbe zu bekennen: »Absolutely Queer: Jodie Foster. Oscar Winner – Yale Graduate – Ex-Disney-Moppet – Dyke«, stand auf Plakaten zu lesen. Durch diese Outing-Versuche (»...because cleaner closets today mean a better tomorrow«) geriet Jodie Foster exakt zehn Jahre nach der Hinckley-Affäre erneut ohne ihr Zutun in die Schlagzeilen der Skandalblätter. »Ich denke, das Persönlichste, was ich zu geben habe, ist meine Arbeit. Darüber hinaus hat niemand das Recht, mein Privatleben in die Öffentlichkeit zu zerren« (J. F., *Der Spiegel*, Februar 1992). Niemand außer ihr selbst: »Ich finde es lächerlich, wenn Frauen auf der Leinwand so tun, als hätten sie schon nach zwanzig Sekunden den tollsten Orgasmus. Die meisten Filme setzen Sexualität symbolisch ein. Nichts als Posen – aber meine Generation ist anders. Ich möchte endlich einmal einen Film sehen über Frauen, wie ich sie kenne – einen Film, der zeigt, wie diese andere Person einen vervollständigt und warum man zusammen ist. Ich möchte weibliche Sexualität auf eine Weise darstellen, wie man sie auf der Leinwand normalerweise nicht sieht« (*Redbook*, November 1991).

1990: LITTLE MAN TATE

THE SILENCE OF THE LAMBS entwickelte sich zum dritterfolgreichsten Film des Jahres 1991. Damit rückte Jodie Foster endgültig in die Reihe der »most bankable stars« vor. Mit Orion Pictures unterzeichnete sie einen »first-look non-exclusive development deal for directing and producing« mit der Möglichkeit, jedes Projekt woanders zu produzieren, wenn Orion es ablehnen sollte, und der Freiheit, für jedes andere Studio als Schauspielerin tätig zu sein. Im Oktober 1991, zum Kinostart von LITTLE MAN TATE, widmeten unzählige internationale Zeitschriften und Magazine Jodie Foster Titelgeschichten. Die Schlagzeile auf dem Cover von *Time* lautete: »A Director Is Born«. In dem dazugehörigen Artikel zitierte man Louis Malle: »Jodies Film erzählt davon, wie einsam ein Kind sein kann, und sie hat sich bei diesem Thema vor nichts gedrückt. Ich wäre sehr glücklich und stolz, wenn ich einen Film wie diesen zustande gebracht hätte.«

Brandy Foster: »Jodie hat immer auf den politischen Subtext ihrer Filme geachtet. Als sie in Yale war und das Attentat verübt wurde, war die Frauenbewegung glücklicherweise in vollem Gange. Seitdem hat sie, glaube ich, keinen Film mehr gedreht, der mit ihrer Überzeugung nicht in Einklang stand oder der für sie politisch nicht korrekt war« (*Redbook*, November 1991). Dagegen Jodie: »Aus allem, was ich sage, geht hervor, daß ich kein politischer Mensch bin. Es ist einfach kein Teil von mir. Ich bin nicht gerne Sprecherin für eine Sache« (*Movieline*, Oktober 1991).

Im Januar **1992** veranstaltete das National Film Theatre in London eine Jodie-Foster-Werkschau: »Growing up with Jodie«. Im Februar wurde die Schauspielerin für THE SILENCE OF THE LAMBS mit einem Golden Globe als beste Darstellerin ausgezeichnet; in derselben Kategorie erhielt sie den New York Film Critics Award. Am 30. März nahm sie für diesen Film ihren zweiten Oscar als beste Darstellerin entgegen. Damit ist sie die erste Schauspielerin, die vor ihrem dreißigsten Geburtstag zweimal diese höchste Auszeichnung der Filmbranche bekommen hat. Sie widmete ihren Preis »all den Frauen, die vor mir kamen und nicht solche Chancen hatten wie ich – denen, die zu überleben wissen, den Pionieren, den Ausgestoßenen –, meinem Blut, meiner Tradition. Und den Menschen in der Filmbranche, die meine Entscheidungen respektierten«.

Von April bis Mai 1992 entstand an Schauplätzen in Virginia der Kostümfilm SOMMERSBY (Sommersby) mit Jodie Foster und Ri-

SPECIAL REPORT: The Recession That Won't Go Away

TIME

JODIE FOSTER
A DIRECTOR
IS BORN

0   724404 1

Oktober 1991

chard Gere in den Hauptrollen. Im Oktober, nach dem Konkurs von Orion, beschloß Jodie Foster, ein über drei Jahre laufendes Produktionsabkommen zwischen Polygram Filmed Entertainment und ihrer inzwischen gegründeten Produktionsfirma Egg Pictures zu unterzeichnen. Zugesichert wurden der Filmemacherin künstlerische Freiheit und freie Stoffwahl – ein »einzigartiger Deal« (*Variety*). Ausgeschlossen von der Polygram-Vereinbarung sind fünf Projekte, die Jodie Foster woanders produziert, darunter ein Film über das Leben der Schauspielerin Jean Seberg, den sie mit Carol Polakoff und Hexagon Films koproduzieren wird.

Zu Jodie Fosters weiteren Projekten gehören: THE BUM, Drehbuch: Ron Bass (RAIN MAN), Produzent: Brian Gazer, eine Liebesgeschichte zwischen einer reichen, alleinstehenden Frau aus Malibu und einem Penner, der am Strand lebt; DEAD RECKONING, in dem Jodie Foster eine Anwältin spielen soll, die unfreiwillig in ein politisches Komplott verstrickt wird; und WOMEN WHO RUN WITH WOLVES, eine Serie für das amerikanische Kabelfernsehen, bei der jede Folge von einer anderen Regisseurin gedreht werden soll.

Die Filme

Menace on the Mountain. 1969/70 (Fernsehfilm)

Eine Farmerfamilie muß im amerikanischen Bürgerkrieg ohne
den Vater auskommen und sich gegen eine Bande von Deserteuren
und Outlaws zur Wehr setzen.

In diesem Disney-Jugendfilm spielt die sechsjährige Jodie Foster
Suellen, das Nesthäkchen der Familie. Sie hat nur wenig Dialogsätze, macht einen ausgesprochen braven Eindruck, und einmal
guckt sie in aller Unschuld ganz kurz in die Kamera. In einer Szene
bringt Suellens ältester Bruder Jamie (Mitch Vogel), der eigentlich
auf Pantherjagd gehen wollte, einen verwundeten Yankee (Richard Anderson) mit nach Hause; sie steht mit Mark (Eric Shea),
dem zweiten Bruder, über dem Bewußtlosen und wundert sich:
»Wo sind denn seine Hörner?« Mark: »Was denn für Hörner?«
Suellen: »Ich hab gehört, alle Yanks hätten Hörner. Aber der da
sieht ja ganz normal aus!« Aus Dankbarkeit für die Pflege wird
der Yankee-Major der Familie am Ende dabei helfen, die kleine
Farm aus den Händen der Banditen zurückzuerobern. Dem Motiv
des im Bürgerkrieg vermißten Vaters, der wie ein Fremder zu Frau
und Kind zurückkehrt, wird Jodie Foster sehr viel später in ihrer
Karriere noch einmal begegnen: in SOMMERSBY (1992/93).

NAPOLEON AND SAMANTHA: *Johnny Whitaker, Major, Jodie Foster*

Napoleon and Samantha (Flucht in die Wildnis). 1971/72

Der Waisenjunge Napoleon Wilson (Johnny Whitaker) lebt bei
seinem Großvater (Will Geer). Von einem Clown, der sich zur
Ruhe setzen will, bekommen die beiden einen alten zahmen
Löwen geschenkt. Als der Großvater stirbt, befürchtet Napoleon,
man könne ihn in ein Waisenhaus stecken. Mit Hilfe des freundlichen Danny (Michael Douglas), eines jungen Mannes, den er im
Ort kennengelernt hat, begräbt er den geliebten Opa auf dem
Hügel hinter der kleinen Farm. Ein paar Tage lang geht alles gut,
aber als Napoleon einsieht, daß er den Tod des Großvaters nicht
ewig verheimlichen kann, beschließt er, gemeinsam mit seiner
kleinen Freundin Samantha (JODIE FOSTER) und Major, dem Löwen, über die Berge zu wandern, um Danny zu besuchen und um
Rat zu fragen. Unterwegs geraten sie in gefährliche Situationen,
die sie aber – zumeist mit Majors Hilfe – alle meistern. Danny
geht zurück in den Ort, um Samanthas Tante Gertrude zu beruhi-
gen, wird aber als vermeintlicher Kidnapper sofort festgenom-
men. Auf der Polizeiwache erkennt er auf einem Fahndungsplakat
jenen Mann wieder, in dessen Obhut er die Kinder zurückgelassen

Jodie Foster, Michael Douglas, Johnny Whitaker, Major

Johnny Whitaker, Major, Jodie Foster

hatte. Danny rennt auf die Straße, schnappt sich ein Motorrad und führt die Polizei, die ihn per Hubschrauber verfolgt, zu den Kindern, die der Psychopath schon gefesselt hat. Danny verspricht Napoleon, sich um Major zu kümmern, den der Junge jederzeit bei ihm besuchen könne.

Das alte Rezept der Disney-Spielfilme – Kinder, Tiere und viel Natur – kommt in Jodie Fosters erstem Kinofilm beispielhaft zur Anwendung: Auf der Farm döst der Löwe friedlich unter lauter Hühnern oder schlabbert seine Milch, er läßt Samantha und Napoleon in den lustigen Szenen auf sich reiten, und in den spannenden Momenten rettet er sie vor einem Puma und vor einem Bären. Jodie Foster, die als Kind am liebsten in Jeans herumrannte, dürfte sich in dem hübschen Kleidchen, das sie in diesem Film von Anfang bis Ende tragen muß, recht albern vorgekommen sein.

»Das beste ist die lange Wanderung der Kinder durch die herrliche Berglandschaft. Danach ändert der Film vollständig seine Richtung, und statt der Kinder steht plötzlich Michael Douglas im Mittelpunkt der Handlung, die eine vom Zufall bestimmte und melodramatische Wendung nimmt. Von den beiden Kinderdarstellern ist Jodie Foster eine wirkliche Freude, aber ihre Rolle ist leider verschwindend klein im Vergleich zu der des Jungen, und nach der Bergwanderung verschwindet sie fast ganz aus dem Film« (Kenneth Thompson, *Monthly Film Bulletin*, August 1972).

Kansas City Bomber (Round Up). 1972

Roller-Derby-Star K. C. Carr (Raquel Welch) läßt sich von Kansas City nach Portland abwerben und beginnt eine Affäre mit dem dortigen Teamchef, Burt Henry (Kevin McCarthy). Ihre beiden Kinder Walt und Rita (JODIE FOSTER) bringt sie bei ihrer Mutter in Fresno unter. Aber allmählich durchschaut sie Burts Manipulationen sowohl im sportlichen wie auch im privaten Bereich, und als er sie überreden will, in einem Duell gegen Jackie (Helena Kallianiotes), ihre härteste Konkurrentin im Team, absichtlich zu verlieren, um mit ihm nach Chicago gehen zu können, entscheidet sie sich, nicht länger nach seiner Pfeife zu tanzen.

»In den ersten Minuten, wenn Raquel Welch während der Nationalhymne geräuschvoll ihr Kaugummi kaut, um sich anschließend wild brüllend einen Zweikampf mit der riesigen Big Bertha zu liefern, ist Kansas City Bomber temporeich, ungehemmt und witzig. Aber dann beginnen die Probleme. [...] Raquel legt düster die Stirn in Falten, als ihre kleine Tochter [Jodie Foster] mit dem Geständnis herausrückt, daß sie davon träumt, einmal ein ebenso großer Roller-Derby-Star zu werden wie ihre Mutter« (Tom Milne, *Monthly Film Bulletin*, Dezember 1972).

Tom Sawyer (Tom Sawyers Abenteuer). 1972/73

Mark Twains weltberühmte Roman über den amerikanischen Lausbuben Tom Sawyer ist seit der Stummfilmzeit immer wieder verfilmt worden; dies war die erste Musical-Version.

Zum zweiten Mal nach NAPOLEON AND SAMANTHA spielt Jodie Foster die kleine Freundin des Rotschopfs Johnny Whitaker, der ein paar Jahre zuvor als »Jody« in 114 Episoden der TV-Unterhaltungsserie FAMILY AFFAIR (Lieber Onkel Bill) bekannt geworden war. Jodie Foster – als Becky Thatcher – steht auf dem Kopf, als Whitaker – in der Titelrolle – sie zum erstenmal erblickt, denn er hängt kopfüber an einem Ast, und die Kamera nimmt seinen Blick ein. Damit kündigt sich schon an, daß er bei ihr seine üblichen Vorurteile gegen Mädchen (»die können nur albern kichern oder heulen«) revidieren und sich präpubertär-keusch in sie verknallen wird. »Sich zu verloben ist ganz einfach«, erklärt er ihr später bei einem Spaziergang, »man braucht nur zu sagen, daß man sich liebt, und gibt sich dann einen Kuß.« Becky befolgt

TOM SAWYER: Johnny Whitaker, Jodie Foster

brav diese Anweisungen, aber als Tom dann herausrutscht, daß er schon einmal mit einem anderen Mädchen verlobt war (das freilich nur kichern oder heulen konnte), nennt Becky ihn einen Schwerenöter und stapft wütend davon. Später, wenn Tom und sein Freund Huckleberry Finn (Jeff East) quicklebendig in der Kirche auftauchen, wo Beckys Vater (Noah Keen) gerade eine rührende Lobrede auf die beiden Totgeglaubten hält, versöhnt sie sich wieder mit ihm, und am Ende kommt es in der Höhle, in die der unternehmungslustige Tom die widerstrebende Becky lockt, ohne zu ahnen, daß dort der finstere Idianer-Joe (Kunu Hank) auf sie lauert, zu einem aufregenden Höhepunkt mit Rettung in letzter Minute.

Nach dem Erfolg dieses Films, der etliche Oscar-Nominierungen (für Ausstattung, Kostüme und Musik) erhielt und an der Kinokasse seine Herstellungskosten rasch verdoppelte, schob dieselbe Produktionsfirma ein Jahr später die Fortsetzung HUCKLEBERRY FINN nach, allerdings ohne Jodie Foster und Johnny Whitaker.

One Little Indian (Ein Kamel im Wilden Westen). 1973

Corporal Clint Keyes (James Garner) von der amerikanischen Kavallerie muß dringend das Weite suchen: Nachdem er sich gegen die Brutalität gewandt hatte, mit der seine Kameraden ein Indianerdorf überfielen, wurde er wegen Meuterei zum Tode verurteilt. Bei seiner Flucht mußte er allerdings mit einem sehr ungewöhnlichen Reittier vorliebnehmen: Es ist ein ausgewachsenes Dromedar mit Nachwuchs, heißt Rosebud – oder kurz Rosie – und zeigt sich meistens sehr eigenwillig. Rosie und ihr Kind Thirsty sind von dem US Camel Corps übriggeblieben, das es um 1860 herum in New Mexico tatsächlich gab. Keyes hat seine liebe Not mit dem schlappmäuligen Wiederkäuer; unterwegs liest er in der Wüste noch den kleinen Mark (Clay O'Brien) auf, der bei den Cheyenne aufgewachsen ist und zurück ins Reservat will. Am liebsten würde der flüchtende Corporal den Jungen der sympathischen Witwe Doris McIver (Vera Miles) anvertrauen, bei der die beiden vorübergehend Unterschlupf finden und die eine Tochter

Clay O'Brien, Jodie Foster

(JODIE FOSTER) in Marks Alter hat. Aber wie Rosie hat auch Mark seinen eigenen Kopf. Umgekehrt läßt er Keyes nicht im Stich, als dieser von seinen Verfolgern wieder eingefangen wird und in Fort Dorado hingerichtet werden soll: Der Junge setzt das wackere Dromedar zielstrebig ein, um seinen väterlichen Freund auf spektakuläre Weise vor dem Galgen zu retten.

JODIE FOSTER kommt als Martha McIver nur im zweiten Drittel des Films vor. Martha scheint mit ihrer Mutter auch ohne Mann im Haus recht glücklich zu sein, ein Eindruck, den gleich das erste Bild festigt, wenn die beiden am Klavier fröhlich ein Liedchen singen. »Eine Mutter und ihre Tochter kommen im Leben wunderbar allein zurecht«, sagt Doris denn auch an einer Stelle zu einem skeptischen Clint. Zwischen Martha und Mark entwickelt sich ein bezeichnender Dialog: »Kann ich auf einem der Tiere reiten?«, fragt Martha. Marks mürrische Antwort: »Nein.« Martha: »Warum nicht?« Mark: »Du bist ein Mädchen.« Martha: »Aber Rosie ist doch die Mutter von Thirsty, folglich auch ein Mädchen!« Damit klettert Martha/Jodie selbstbewußt auf den Rücken des größeren Dromedars, läßt sich von ihm herumtragen und hat dabei sichtlich großen Spaß. Die Konvention derartiger Disney-Produktionen läßt am Ende natürlich keinen Zweifel daran, daß der Mann und der Junge sich mit der Witwe und deren Tochter zu einer neuen Familie zusammenschließen werden. Aber das sieht man zum Glück nicht mehr.

Smile, Jenny – You're Dead. 1973/74 (Fernsehfilm)

Zweiter Pilotfilm der TV-Serie HARRY-O. Ein psychotischer Fotograf stellt einem Covergirl nach. Jodie Foster spielt ein Mädchen namens Liberty Cole.

»Gut konstruierter Kriminalfilm, in dem Privatdetektiv [und Ex-Cop] Harry Orwell [David Janssen] den Mord am Schwiegersohn eines Freundes untersucht und sich in dessen Tochter [Andrea Marcovicci], der Hauptverdächtigen in dem Fall, verliebt« (Leonard Maltin, *Movie and Video Guide 1993*). »Eine wunderbare Mischung aus Hommage an die Vierziger und moderner Angstneurose, von Jerry Thorpe sehr stilsicher in Szene gesetzt. Aber ein Detektiv mit zerschossenem Rückgrat, der trotz Chandler-Verwandtschaft kein Auto fahren konnte, stieß auf Ablehnung« (Wicking/Vahimagi, *The American Vein*).

Alice Doesn't Live Here Anymore
(Alice lebt hier nicht mehr). 1974

Alice Hyatt (Ellen Burstyn) hat von Kind auf davon geträumt, eine erfolgreiche Sängerin zu werden. Statt dessen landete sie in einer enttäuschenden Ehe mit dem Getränkeausfahrer Don (Billy Green Bush), der ständig an ihr herumnörgelt oder cholerisch lostobt. Als ihr Mann tödlich verunglückt, sieht Alice eine Chance, mit ihren 35 Jahren ihren Jugendtraum doch noch zu verwirklichen. Sie verkauft ihre bescheidene Habe und macht sich zusammen mit ihrem zwölfjährigen Sohn Tommy (Alfred Lutter) auf die lange Fahrt nach Monterey in Kalifornien, wo sie aufgewachsen ist. In Phoenix, Arizona, findet sie tatsächlich einen Job als Sängerin in einer einfachen Bar. Tommy langweilt sich im Motel und wird dadurch noch unleidlicher. Nach einer Affäre mit einem rabiaten Ehemann (Harvey Keitel), der sich an sie herangemacht hat, flüchtet Alice panikartig aus der Stadt. In Tucson bleibt sie in einem Diner als Kellnerin hängen. Dort gibt ihre Kollegin Flo (Diane Ladd) mit ihrem losen Mundwerk den Ton an; zunächst ist sie Alice unsympathisch, doch dann kommen die beiden sich näher. Der junge Farmer David Barrie (Kris Kristofferson) verliebt sich in sie; auch Alice findet Gefallen an ihm. Er kümmert sich um Tommy, dem es an Bezugspersonen mangelt und der am liebsten mit der frechen Göre Audrey (JODIE FOSTER) herumzieht. Noch ist Alice nicht bereit, ihren Traum von Monterey und einer Karriere als Sängerin endgültig aufzugeben. Aber sie steht kurz davor.

ALICE DOESN'T LIVE HERE ANYMORE, Martin Scorseses vierter Spielfilm, zählte zu den Höhepunkten der Kinosaison 1974/75. Ellen Burstyn wurde für ihre Leistung verdientermaßen mit einem Oscar als beste Hauptdarstellerin ausgezeichnet, Nominierungen gab es außerdem für Robert Getchells Original-Drehbuch und für Diane Ladd als beste Nebendarstellerin. Auch eine andere Nebenrolle wurde von den meisten Kritikern nicht übersehen: das burschikose Mädchen Audrey (»Eigentlich heiße ich Doris, aber Audrey gefällt mir besser«), das Tommy in Tucson beim Gitarrenunterricht kennenlernt und mit dem er sich rasch anfreundet. Jodie Foster – zum erstenmal mit kurzem Haarschnitt, der für ihre Rolle der Addie Pray in der zur gleichen Zeit entstehenden Fernsehserie PAPER MOON notwendig war – hat nur vier kurze Szenen

Jodie Foster, Alfred Lutter

in ALICE DOESN'T LIVE HERE ANYMORE, drei mit Alfred Lutter und eine mit Ellen Burstyn, aber die reichten aus, um diejenigen unter den Kinogängern, die um Jodies bisherige Disney-Produktionen einen großen Bogen gemacht hatten, erstmals und nachhaltig auf diese blutjunge, aber bereits unglaublich professionell wirkende Schauspielerin aufmerksam zu machen. In der ersten Szene machen sich Tommy und Audrey miteinander bekannt, in der zweiten zeigt Audrey ihrem neuen Freund, wie man in einem Musikgeschäft Gitarrensaiten klaut (sie lenkt den Verkäufer ab, indem sie so tut, als sei sie auf einer glatten Stelle des Fußbodens ausgerutscht), in der dritten leert sie mit Tommy, der wieder mal Krach mit Alice hatte, eine Flasche Wein und schimpft auf ihren Alten, und in der vierten trifft sie auf der Polizeistation, wo Tommy in der Ausnüchterungszelle sitzt, dessen Mutter. »Sind Sie die singende Kellnerin?« grinst Audrey, und die ganze Sache ist ihr nicht im mindesten peinlich. Bevor sie von ihrer eigenen Mutter, einer Luxusnutte, nach draußen gezogen wird, dreht sich Audrey noch einmal um, legt die Hand grüßend an die Stirn und verabschiedet sich mit einem in Mae-West-Manier anzüglich gedehnten »Bye, boys!« (was in der deutschen Synchronfassung zu einem hämischen »Auf bald, ihr Säcke!« wurde). In ihren ersten beiden Szenen trägt Jodie Foster ein weißes T-Shirt und Blue Jeans und könnte glatt als Junge durchgehen, in den letzten beiden Szenen hat man sie in ein langes Großmutterkleid gesteckt, in dem sie ziemlich unmöglich aussieht.

Echoes of a Summer. 1975/76

Die elfjährige Deirdre (JODIE FOSTER) leidet an einer unheilbaren Herzkrankheit. Zwei Jahre lang haben ihre Eltern (Richard Harris und Lois Nettleton) in Europa jeden Herzspezialisten konsultiert. Jetzt sind sie mit Deirdre nach Mahone Bay gekommen, einem wunderschönen Ort an der Südostküste Kanadas, um ihr die letzten Tage auf Erden so angenehm wie möglich zu gestalten. Der neunjährige Nachbarsjunge Phillip (Brad Savage) ist der einzige, der etwas Fröhlichkeit ins Haus bringt. Deirdre weiß genau, was mit ihr los ist, und möchte ihren Eltern helfen, ihr Schicksal leichter zu tragen. Obwohl sie gerade einen akuten Anfall erlitten hat und das Ende schneller kommen wird als gedacht, gelingt es Deirdre und Phillip, den zwölften Geburtstag des Mädchens als Freudenfest zu feiern.

»Ihr Name steht zwar erst an sechster Stelle der Besetzungsliste, aber die junge Jodie Foster ist zweifellos die Hauptdarstellerin dieses Films. [...] Jodie Foster verleiht ihrer Figur Frische und Tiefgang. Mit ihrer frühreifen, fast androgynen Art war sie genau die richtige Wahl für die Rolle dieses Kindes, das mit zwölf Jahren

Brad Savage, Jodie Foster

104

Jodie Foster, Richard Harris, Lois Nettleton

schon ›alt‹ sein muß. [...] Der Höhepunkt des Films ist eine
zärtliche, humorvolle Szene, wenn es zwischen Jodie Foster und
Brad Savage auf keusche, wenn auch nicht gerade unbedarfte
Weise um eine Liebe geht, von der sie weiß, daß sie sie nie erleben
wird« (Mack., *Variety*, 4. Februar 1976). »Jodie Fosters Leistung
bewahrt dieses Drama davor, in völliger Rührseligkeit zu versin-
ken« (Nash/Ross, *The Motion Picture Guide*).

Taxi Driver (Taxi Driver). 1975/76

Der Vietnam-Veteran Travis Bickle (Robert De Niro) fährt Nacht-schicht für ein New Yorker Taxiunternehmen. Zu seinen Fahrgä-sten zählen Zuhälter, Dealer, Huren, Diebe und andere Mitglieder der Halb- und Unterwelt. Für Travis Bickle ist New York zum Alptraum geworden, er wünscht, ein Regen möge kommen und »den ganzen Dreck von der Straße spülen«. Travis lernt Betsy (Cybill Shepherd) kennen, die junge Wahlhelferin des Präsident-schaftskandidaten Palantine. Travis lädt Betsy ins Kino ein – ausgerechnet in einen Pornofilm. Betsy ist entsetzt und läuft davon. Verstört zieht sich Travis noch mehr in sich zurück. Er kauft ein ganzes Arsenal von Revolvern und Colts. Als er Zeuge eines Überfalls auf einen kleinen Laden wird, greift er ein und erschießt den Räuber. Nach und nach gehen in Travis' Denken Wunschvorstellungen und Realität ineinander über. Jede freie Minute trainiert er mit seinen Waffen und bringt sich auch körper-lich in Höchstform. Aus dem einsamen Taxifahrer mit dem me-lancholischen Blick wird eine tödliche Kampfmaschine. Travis ist der zwanghaften Überzeugung, etwas gegen die Kriminalität der Millionenstadt unternehmen zu müssen. Um ein Signal zu setzen, will er Palantine erschießen, aber das Attentat scheitert. Zufällig wird er Zeuge, wie die zwölfjährige Iris (JODIE FOSTER) von ihrem Zuhälter (Harvey Keitel) aus seinem Taxi gezerrt wird, muß annehmen, daß sie fliehen wollte. Als er sie auf dem Strich wiedertrifft, bietet er ihr seine Hilfe an. Obwohl Iris gar nicht gerettet werden will, schießt er sich in einem wahren Blutrausch den Weg zu ihrer Absteige frei. Die Zeitungen feiern ihn tags darauf für seine »Heldentat« und seinen Ein-Mann-Aufstand ge-gen Kriminalität und Korruption.

»Jodie Foster spielt diesen Provinz-Teenager auf dem New Yorker Strich: ein Pummel in Hot Pants und auf Plateau-Sohlen. Sie hört sich brav verständnislos, genüßlich auf einem Marmeladenbrot herummampfend, die Rettungspläne ihres Don Quichotte an – ihre Aufnahmebereitschaft reicht so weit, daß sie (im Geschäft) fragt, ob er's so oder so besorgt haben möchte, und (privat), ob er Skorpion oder Widder sei« (Hellmuth Karasek, *Der Spiegel*, 4. Oktober 1976). »Jodie Foster, die exakt das gleiche Alter hat wie die Kinderdirne Iris, ist eine faszinierende Mischung aus Unschuld und frühreifer Sexualität. In einer der besten Szenen des

Jodie Foster

Films versucht ihr Zuhälter, Sport, ihre Unruhe zu besänftigen, indem er mit ihr tanzt, wobei er ihren kleinen Körper umarmt wie den eines Vogels und ihr leise den Lieblingsrefrain aller Zuhälter ins Öhrchen säuselt: ›Ich wünschte, jeder Mann könnte erleben, wie es ist, von dir geliebt zu werden‹ (Jack Kroll, *Newsweek*, 1. März 1976). »Jodie Foster [...] ist eine Kinderschauspielerin von ungewöhnlich physischer Präsenz, und sie scheint sich ihre Dialogsätze vollkommen zu eigen gemacht zu haben – man ist davon überzeugt, daß sie wirklich so redet« (Pauline Kael, *The New Yorker*, 9. Februar 1976). »Einer der Höhepunkte des Films

Garth Avery, Jodie Foster, Robert De Niro

ist die Frühstücksszene zwischen Iris und Travis, in der er sie zu
überreden versucht, in ihr Heimatstädtchen in der Provinz zurückzukehren. Aber sie will davon nichts hören; Ohio sei langweilig,
und ihre Eltern würden sie hassen. Diese Motivation klingt so
abgedroschen, daß sie wie eine Parodie auf die üblichen ›Erklä-
rungen‹ wirkt, die der Film ansonsten zu negieren versucht. Aber
sie hilft, zu der Schlußfolgerung zu kommen, daß Travis recht hat.
Das Leben im provinziellen Amerika mag dumpf und erdrückend
sein (die monotone Stimme von Iris' Vater bestätigt dies am Ende
des Films), aber zumindest ist es nicht hoffnungslos oder riskant.
Jodie Foster verleiht ihrer Rolle etwas erschreckend Altkluges,
und der Film spielt mit der Möglichkeit, daß Iris ihre Existenz als
Dirne tatsächlich lieber ist. Dennoch funktioniert die ganze Sequenz vor allem als Vorbereitung auf die Gewalt am Schluß. Das
Drehbuch bereitet das Terrain vor, um bei Travis während des
Blutbades die Vermischung seiner beiden Impulse spürbar zu
machen: den Dreck zu vernichten und Iris zu retten. Travis sieht
das gräßliche Abschlachten als Ritual der Reinigung, für sich
selbst, für Iris und sogar für die Stadt« (Michael Dempsey, *Film
Quarterly*, Sommer 1976).

Jodie Foster, Robert De Niro

Harvey Keitel, Jodie Foster

Bugsy Malone (Bugsy Malone). 1975/76

»Es gab noch nie einen Film wie diesen!« behauptet die Plakat-
werbung zu BUGSY MALONE. Dabei könnte die Handlung vertrau-
ter nicht klingen: Im New York des Jahres 1929, während der
Prohibitionszeit, liefern sich die Banden von Fat Sam (John
Cassisi) und Dandy Dan (Martin Lev) erbitterte Machtkämpfe.
Das hat man im Prinzip schon tausendmal gesehen, aber zugege-
benermaßen noch nicht so: Sämtliche Rollen in diesem Gangster-
Musical werden von Kindern gespielt, alle um die zwölf Jahre alt.
Gemogelt wird nur bei den Songs: Die werden nicht von den
Kindern selbst, sondern von Komponist Paul Williams und ande-
ren Erwachsenen gesungen. Jodie Foster, der einzige alte Hase
unter lauter Filmneulingen, verleiht Tallulah, der Freundin von
Fat Sam, in dessen Flüsterkneipe sie als Sängerin auftritt, einen
Hauch von Mae West und Lauren Bacall. In einer Szene flirtet sie
gekonnt mit dem feschen Bugsy Malone (Scott Baio), drückt ihm
ihren Lippenstift auf die Stirn und macht sich dadurch Bugsys
Freundin Blousey Brown (Florrie Dugger) zur Feindin. Die Ma-
schinengewehre der Gangster spucken Sahne statt Blei, und in der
großen Endschlacht bekommt nach dem Motto »anything goes«
jeder seine Ladung ab. Auch Jodie bleibt da nicht verschont; das
Gesicht voller Creme kommentiert sie trocken: »So this is show
business...«

John Cassisi, Jodie Foster, Scott Baio

Jodie Foster (links)

Ähnlich wie die MINI PLAYBACK SHOW im Privatfernsehen, wo herausgeputzte und geschminkte Minderjährige sich zum Gaudi der Erwachsenen zu Schlagern bewegen müssen wie die Hampelmänner, ist auch BUGSY MALONE nicht frei vom faden Beigeschmack eines »Musicals für Kinderschänder« (*Der Spiegel*). Was das betrifft, könnten sich die Macher noch mit »Honi soit qui mal y pense« herausreden; schwerer wiegt deshalb das Offensichtliche: daß hier nämlich den Kindern alles Kindliche schon im Ansatz verweigert wird und die beiden Genres (Gangsterfilm und Musical), die man angeblich liebevoll parodiert, ebenfalls nur für eine ermüdende Aneinanderreihung billiger Gags ausgebeutet werden.

»Die Erwachsenen entpuppen sich nicht nur im umwerfenden Spiel der Kinder, sondern auch in den Songs als hoffnungslos infantil. Besonders typisch dafür ist Jodie Foster, die ein raffiniertes Revue-Girl spielt und die im Gangsterfilm so typische Misogynie ad absurdum führt« (Wolfram Knorr, *Zoom Filmberater*, 2. Juni 1977).

The Little Girl Who Lives Down the Lane
(Das Mädchen am Ende der Straße). 1975/76

In einer einsam gelegenen Villa lebt die dreizehnjährige Rynn
Jacobs (JODIE FOSTER). Ihre hochentwickelte Intelligenz und ihr
ausgeprägter Sinn für Unabhängigkeit und Selbständigkeit lassen
sie erwachsener scheinen, als sie wirklich ist. Rynn ist kürzlich
mit ihrem Vater, einem Dichter und Übersetzer, aus England in
die kleine Stadt an der amerikanischen Nordostküste gezogen. Es
ist ein Geheimnis um Rynn, die wie ein Einsiedler in der Villa lebt
und diese nur in seltenen Fällen verläßt. Seit Monaten ist ihr Vater
nicht mehr gesehen worden. Die Außenwelt dringt jedoch nach
und nach in Rynns Privatsphäre ein. Frank Hallet (Martin Sheen),
der Sohn der Hausbesitzerin, ein junger Mann mit zweifelhaftem
moralischen Ruf, drängt sich ihr immer wieder auf. Seine Mutter,
Mrs. Hallet (Alexis Smith), besteht mehrfach darauf, Rynns Vater
zu sprechen, und wird für ihre besitzergreifende Neugier auf
schreckliche Weise bestraft: Als sie im Keller die Leiche von
Rynns Mutter entdeckt, gerät sie in Panik und wird von der
zufallenden Falltür erschlagen. Der freundliche Ortspolizist Miglioriti (Mort Shuman) schenkt Rynns Erklärung, ihr Vater sei
wegen Arbeitsüberlastung nicht zu sprechen, irgendwann auch
keinen Glauben mehr. Einzig dem hilfsbereiten Mario (Scott
Jacoby), einem Jungen, der sich als Amateur-Zauberer betätigt,
gelingt es, Rynns Vertrauen zu gewinnen. Er wird ihr Komplize
und ihre erste Liebe. Ihm vertraut sie an, daß ihr todkranker Vater
sich im Meer ertränkt hat, mit seiner Hilfe schafft sie die beiden
Leichen aus dem Keller und vergräbt sie vor dem Haus. Aber auch
Frank Hallet kommt der Wahrheit immer näher. Er findet im
Keller einen künstlichen Fingernagel und eine Haarnadel und
glaubt, sich das Mädchen mit diesen Indizien gefügig machen zu
können. Als sie ihrer ungeliebten Mutter, die vor ein paar Wochen
plötzlich aufgetaucht war, einen Tee bereitete, konnte Rynn nicht
ahnen, daß das Pulver, das sie hineinmischte, tödlich war. Jetzt,
bei Frank Hallet, geht sie dagegen ganz kaltblütig vor…
Dies ist der erste Film, den Jodie Foster von Anfang bis Ende
beherrscht: Er beginnt damit, wie sie an Halloween die dreizehn
Kerzen auf ihrer Geburtstagstorte anzündet, sich mit der Torte in
der Hand im Spiegel betrachtet, »Happy Birthday« sagt und sich
mit der Zunge über die Lücke zwischen ihren Schneidezähnen

Jodie Foster

fährt. In der letzten Einstellung beschreibt die Kamera einen Halbkreis um sie und zeigt sie dann im rechten Halbprofil, das Kaminfeuer unscharf im Hintergrund, wie sie in aller Ruhe dem Bösewicht Martin Sheen beim Sterben zusieht. Dessen Hand kommt noch einmal ins Bild, berührt ihr Haar: »Wie schön das Feuer durch dein blondes, goldenes Haar scheint!« Zwischen diesen beiden Szenen kann man die sanfte Beharrlichkeit bewundern, mit der Rynn Jacobs den Anspruch auf ihr eigenes Leben durchsetzt, und die Disziplin und Professionalität, mit der Jodie Foster dies spielt. Nur wenn sie der unverschämten Mrs. Hallets »Mein Haus!!« entgegenschleudert, erhebt sie die Stimme, ansonsten hat sie sich immer unter Kontrolle, selbst als der sadistische

113

Scott Jacoby, Jodie Foster

Frank ihren Hamster Gordon erst mit der brennenden Zigarette quält und dann ins Feuer wirft.

»Wesentlich beteiligt an diesem hervorragend funktionierenden Komplicentum zwischen Zuschauer und Akteurin ist Jodie Foster, selbst erst vierzehn Jahre alt. [...] Ihr fehlt jegliche Nervosität, minutenlange Einstellungen spielt sie mit absolut professionellem Timing, die kompliziertesten Anschlüsse bewältigt sie spielend. Ihr wirkliches Alter vergißt man dabei leicht, aber dann folgen wieder Einstellungen, in denen sie nicht klug, sondern altklug; nicht selbstbewußt, sondern bockig und muffelig wirkt – wie ein ganz normales dreizehnjähriges Mädchen. An vielen Stellen fallen plötzlich und überwältigend ihre Rolle und ihre eigene Person zusammen. Da steht sie überraschend spontan neben ihrer eigenen Professionalität. Das ist ungemein faszinierend und gleichzeitig die exakte Beschreibung der fiktiven Figur des Mädchens Rynn Foster, das mit dreizehn Jahren ein fertiges Konzept für ihr Leben entworfen hat und versucht, danach zu leben; das von den Umständen gezwungen wird, vor sich selbst zuzugeben, daß sie noch ein kleines Mädchen mit großer Angst vorm bösen Mann ist« (Doris Dörrie, *Süddeutsche Zeitung*, 15. April 1977). »Der Film lebt von dem Spiel der vierzehnjährigen Amerikanerin Jodie Foster. [...] Sie ist in THE LITTLE GIRL WHO LIVES DOWN THE LANE etwas völlig anderes als Shirley Temple oder auch Tatum O'Neal, das Kind in Bogdanovichs PAPER MOON. Sie ist kein Star, nicht irgendwie hochgeputscht und aufgeputzt, sondern ein ganz und gar selbständiges, in sich ruhendes Wesen, ein liebenswertes Ungetüm, das man zu nehmen hat, wie es ist, als Erziehungsobjekt völlig ungeeignet. [...] Was der Zuschauer mitnimmt, ist die bleibende Erinnerung an ein Kind, das geschickt die Balance hält zwischen Hexe und Engel. Indem sie so ein kompliziertes Wesen glaubhaft auf die Beine stellt, hat Jodie Foster zu einer vernünftigen Form der ›Children's Lib‹ [...] beigetragen. Mit diesem Film ist sie zu einem Star geworden, der bisher und hoffentlich auch weiter dem Startum den Rücken kehrt« (Brigitte Jeremias, *Frankfurter Allgemeine Zeitung*, 14. April 1977).

Martin Sheen, Jodie Foster

115

Freaky Friday (Ein ganz verrückter Freitag). 1976/77

Eines Freitags klagt die dreizehnjährige Annabel Andrews (JODIE FOSTER) ihren Schulkameradinnen ihre Sorgen mit der Mutter (Barbara Harris), die sie wegen ihrer Schlamperei tadelt und ihr mit allen möglichen Lebensregeln auf die Nerven geht. Kaum sagt sie, daß sie viel lieber in der Haut ihrer Mutter stecken möchte, der niemand sagt, was sie zu tun hat, ist es auch schon passiert: Mutter Ellen ist plötzlich im Körper ihrer Tochter und umgekehrt. Natürlich ist weder die Mutter dem Schulalltag von Annabel gewachsen noch die Tochter den Pflichten einer Hausfrau. Beide erkennen, daß die beneidete andere doch nicht so auf Rosen gebettet ist wie angenommen. Als Mrs. Andrews und Annabel sich gleichzeitig wünschen, alles möge wieder so sein wie vorher, wird

Jodie Foster

116

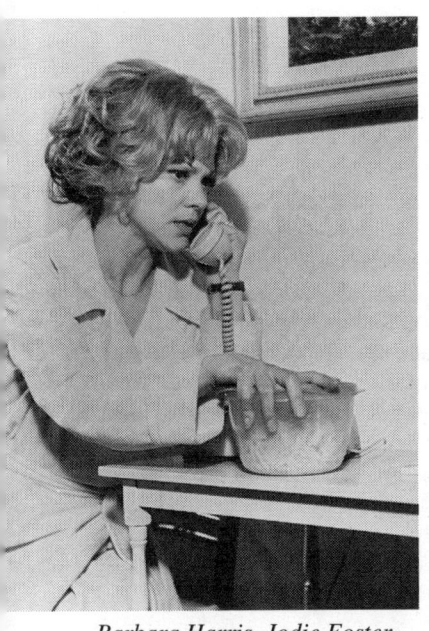

Barbara Harris, Jodie Foster

ihnen dies zwar prompt erfüllt, doch die Wasserski-Show von Mr. Andrews (John Astin) zu Ehren seiner Geschäftsfreunde, wo Annabel ihre Kunststücke vorführen und Ellen für die Bewirtung sorgen sollte, gerät fast zur Katastrophe.

»Da Jodie Foster sowieso für die irritierende Reife bekannt ist, die sie in ihren Kinderrollen ausstrahlt, ist Annabels geistige Wandlung in eine Erwachsene eigentlich wenig ergiebig. Es entsteht (obwohl beide Hauptdarstellerin wirklich ausgezeichnet spielen) eine Art Pattsituation, die durch im Grunde überflüssige und gar nicht witzige Slapstick-Szenen (zum Beispiel die endlose Autojagd und Wasserski-Farce am Ende) aufgepeppt werden soll« (Tom Milne, *Monthly Film Bulletin*, April 1977). »Immer dann, wenn Mr. Andrews nicht so recht weiß, wie er darauf reagieren soll, daß ihn seine Frau plötzlich mit ›Daddy‹ und seine Tochter mit ›Bill‹ anspricht, hält der erwachsene Teil des Publikums den Atem an. Aber da dies ein Disney-Film ist, erreichen wir ohne vollzogenen ödipalen Bruch das Ende« (B. Ruby Rich, *Sight and Sound*, Dezember 1991).

Candleshoe (Abenteuer auf Schloß Candleshoe). 1976/77

Die vierzehnjährige Casey Brown (JODIE FOSTER), Anführerin einer Kinderbande in Los Angeles, läßt sich von dem Gauner Harry Bundage (Leo McKern) dazu überreden, ihm nach England zu folgen, wo er sie der alten Lady Gwendolyn (Helen Hayes), Herrin auf Schloß Candleshoe, als deren mit drei Jahren verschollene Enkelin Margaret Courtney präsentiert. Die Lady nimmt den Schwindel nur zu gern für bare Münze, und fortan wohnt Casey in der Gesellschaft anderer Waisenkinder auf dem Schloß, wo sie in Bundages Auftrag heimlich nach einem versteckten Schatz suchen soll. Casey kommt bald dahinter, daß Lady Gwendolyn hoffnungslos pleite und das Schloß hoch verschuldet ist. Priory (David Niven), der treue Butler der Lady, kann seiner Herrin diese Tatsache verheimlichen, indem er – in Verkleidung und mit falschen Bärten – auch noch die Aufgaben des Gärtners und des Chauffeurs übernimmt, die in Wahrheit längst entlassen werden mußten. Casey findet den Schatz, aber natürlich durchkreuzt sie Bundages finstere Pläne und stellt sich auf die Seite der gütigen Lady und des wackeren Butlers.

Helen Hayes, Jodie Foster

Jodie Foster, David Niven, Helen Hayes

CANDLESHOE ist Jodie Fosters letzter Film für die Walt Disney Productions und damit fast so etwas wie ihr Abschied von der Kindheit. »Jodie Foster ist eine erstaunlich gute Schauspielerin, vollkommen überzeugend und natürlich, die sich selbst in eine solch ungewohnte Umgebung perfekt einzufügen vermag. Ihre Prügelei mit Veronica Quilligan, der Ältesten unter den vier weiteren Adoptivkindern der Lady, ist vielleicht sogar ein bißchen zu realistisch. [...] Die letzte Szene zwischen Helen Hayes und Jodie Foster ist so glaubwürdig gespielt, daß man geneigt ist, für einen Moment zu vergessen, es hier mit etwas Inszeniertem zu tun zu haben« (Eric Braun, *Films and Filming*, April 1978).

119

Casotto (Strandgeflüster). 1977

Regisseur Sergio Citti: »Die Idee zu diesem Film kam mir zufällig bei einem jener typisch italienischen Filme der sechziger Jahre, in welchen die meisten Szenen am Strand spielten. Während die Hauptdarsteller im Vordergrund agierten und dabei die ganze Aufmerksamkeit des Publikums zu beanspruchen schienen, bemerkte ich im Hintergrund von Zeit zu Zeit Komparsen, die in eine Umkleidekabine gingen, ohne jemals wieder herauszukommen. Und weil der Film mich nicht zu interessieren vermochte, versuchte ich mir vorzustellen, was wohl in der Unkleidekabine vor sich gehen mochte. Zurück zu meinem Film: Es gibt keine durchgehende Handlung im üblichen Sinn, sondern nur eine Reihe von anscheinend zufälligen Auftritten und Abgängen; Menschen, die sich aus- und wieder anziehen; Begegnungen und Trennungen; eine Vielfalt von typischen Badegästen, die ein paar Stunden am Strand miteinander verbringen. Ich erzähle also Episoden, die an einem heißen Sommertag am Meer passieren: Ein Paar versucht, miteinander zu schlafen, und wird dabei andauernd gestört; ein Mann schämt sich, weil er zwei Penisse besitzt, er

Luigi Proietti, Jodie Foster

Jodie Foster

wartet vergeblich auf den Augenblick, wo er sich umziehen kann, ohne verlegen werden zu müssen; ein älteres Ehepaar [Paolo Stoppa und Flora Mastroianni] sucht einen Mann, der bereit wäre, ihre schwangere Enkelin [JODIE FOSTER] zu heiraten; zwei Schwestern [Mariangela und Anna Melato] versuchen, einen reichen Geschäftsmann [Ugo Tognazzi] zu verführen, und entdecken, daß sich dieser vorsichtshalber einen Keuschheitsgürtel umgebunden

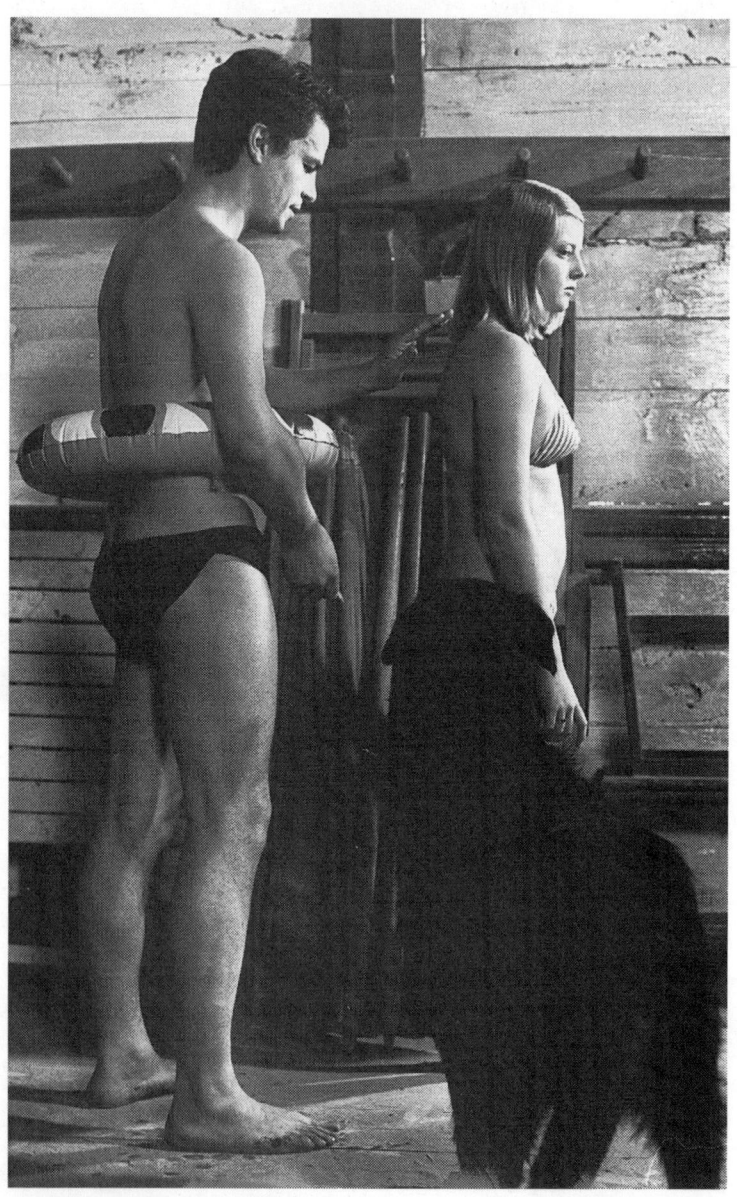

Michele Placido, Jodie Foster

122

hat; ein großer Hund frißt einen kleinen auf; eine Frau, die wie Catherine Deneuve aussieht, erscheint einem Mann im Traum... Ich wollte einen lustigen und billigen Film drehen. Das war nur dadurch möglich, weil sich die Darsteller bereit erklärten, für Beträge zu arbeiten, die weit unter ihren üblichen Gagen lagen. Sie sind dafür an den Einspielergebnissen beteiligt« (*Neues Film-Programm*, Nr. 7988, August 1983).

Jodie Fosters Rolle als schwangerer Teenager ist nicht größer oder kleiner als die ihrer Partner; da die Hauptdarsteller aber in alphabetischer Reihenfolge genannt werden, ist sie es, die die Besetzungsliste anführt. Am bemerkenswertesten ist die Szene, in dem sie mit ihren Großeltern in die Umkleidekabine gehumpelt kommt und so tut, als habe sie sich einen Splitter in den Fuß gerannt. Opa und Oma ziehen sich rasch wieder zurück, damit sie mit dem etwas unterbelichteten Vincenzo (Michele Placido, der damals ebenso wie Jodie seine Starkarriere noch vor sich hatte) allein ist. Vincenzo geht vor seiner Cousine auf die Knie und nuckelt brav an ihrem Fuß, ohne daß ihm die Erotik dieses Aktes auch nur einen Augenblick lang bewußt würde. Pech für ihn, denn so kann der Großvater seine willige Enkelin später am Tage mit dem auch nicht viel intelligenteren Gigi (Luigi Proietti) verkuppeln, der die ganze Zeit mit verbundenem Kopf herumläuft. CASOTTO (was übrigens nicht nur Hütte heißt, sondern als Slangausdruck auch Chaos und Durcheinander bedeutet), der dritte Spielfilm des Pasolini-Assistenten Sergio Citti, ist ein sonderbarer kleiner Film, deftig, absurd und stellenweise überraschend poetisch, ein minimalistisches Sittengemälde irgendwo zwischen Bauernklamotte und Pirandello. Bis auf die allererste Einstellung (ein 360-Grad-Schwenk über den am frühen Morgen noch unbevölkerten Strand) und die Szene, in der Gigi von lauter nackten Frauen auf grüner Wiese träumt, verläßt die Kamera nie die Umkleidekabine. Als Sprößling einer italienischen Großfamilie wirkt Jodie Foster zunächst vollkommen Fehl am Platze, aber dann muß man erstaunt konstatieren, daß sie sich zurückhaltend, bescheiden und fast unscheinbar in dieses seltsame Ensemble aus Stars und Laiendarstellern einfügt (was nicht nur ihr, sondern sicher auch Regisseur Citti anzurechnen ist). Ihr kokett-erfahrenes Lächeln, wenn sie Vincenzo an ihrem Fuß saugen läßt oder Gigi den Verband richtet, steht in bezeichnendem Widerspruch zu dem immer noch recht kindlichen Körper, den ihr Bikini freilegt.

Moi, Fleur Bleue (Fetzig, frei und endlich high/Stunde der Zärtlichkeit/Liebeserwachen). 1977

Die fünfzehnjährige Amerikanerin Isabelle Tristan (JODIE FO-STER), genannt Fleur Bleue, lebt mit ihrer erwachsenen Schwester Blé des Champs (Sydne Rome), die als Fotomodell arbeitet, in Paris. Fleur Bleue steht vor dem Spiegel und seufzt: »So eine Verschwendung, fünfzehn Jahre und noch immer unschuldig!« An anderer Stelle drückt sie es so aus: »Ich will endlich 'nen Kerl!« (In der Originalfassung etwas drastischer: »Je veux une bite!« – »Ich brauch' einen Schwanz!«) Ihre Schwester hat sich gerade den Fernfahrer Max (Jean Yanne) angelacht. Dessen Freund, der schriftstellernde Detektiv Isidore (Bernard Girau-deau), erweist sich als Antwort auf Fleur Bleues wenig fromme Stoßgebete: Er verliebt sich in sie, und sie schlafen miteinander. Als die Schule wieder anfängt und im Aufsatz über das schönste Ferienerlebnis berichtet werden soll, schildert Fleur Bleue zum Gaudi ihrer Mitschüler und zum Entsetzen der Lehrerin freimütig ihre erste Liebesnacht. Als ihre Schwester von einer Fotosession am Meer nicht mehr zurückkommt, rennt auch Fleur Bleue davon, aber Isidore und Max lassen über den Rundfunk nach ihr suchen, und auf einer nächtlichen Autobahnraststätte fällt sich das Paar glücklich in die Arme.
Dieses Nichts an Handlung wurde zu allem Überfluß auch noch von einem Haufen filmischer Analphabeten in Szene gesetzt:

Jodie Foster (Mitte)

Jodie Foster, Bernard Giraudeau

Zooms und Reißschwenks, die vermutlich Tempo und Dynamik suggerieren sollen, verraten nur Dilettantismus; der von Jodie Foster gesungene Titelsong wird so oft eingesetzt und die Lautstärke je nach Bedarf per Regler hoch- und wieder heruntergezogen, daß es eine Qual ist. Das erste Drittel erinnert von der schlampigen Machart und den zotigen Dialogen her an die deutschen Schulmädchen-Report-Filme, der Rest ist abgedroschenes Geplänkel um Liebe und Gefühle. Solchen Darstellern wie Jean Yanne (immerhin mal Chabrols »Schlachter«), Bernard Giraudeau (inzwischen ein Star in Frankreich und selber Regisseur) und Jodie Foster in diesem hoffnungslos mißratenen Filmsalat zu begegnen, tut wirklich weh; allein Sydne Rome erfüllt die – in ihrem Fall freilich sehr niedrigen – Erwartungen.

»Jodie Foster scheint entschlossen, die problematische Zeit der Pubertät in europäischen Filmen durchzustehen. Nach einem Film in Italien, CASOTTO, verliert sie nun in diesem französischen Lichtspiel ihre Unschuld. Das geht allerdings ganz ohne Sexszenen vor sich, indem sie am Morgen danach – man sah nur die erste Umarmung – züchtig mit einem Laken bedeckt aufwacht. [...] Jodie Fosters Mundwerk ist lose wie üblich, und von der ebenfalls bekannten Mischung aus Unschuld und vorgetäuschter Reife behält letzteres Element am Ende die Überhand. Die Regie ist seltsam lustlos, und der einzige Pluspunkt des Films ist Jodie Foster [...], die, nebenbei bemerkt, ein ganz vorzügliches Französisch spricht« (Mosk., *Variety*, 16. November 1977).

FOXES: Jodie Foster, Sally Kellerman

Hands of Time. 1977/78

Unter dem Titel HANDS OF TIME schrieb und inszenierte die
vierzehnjährige Jodie Foster einen Kurzfilm für die Time-Life/
BBC-Dokumentarreihe AMERICANS. Sie wurde als einzige Persönlichkeit aus der Unterhaltungsbranche für diese Serie ausge-
wählt.

»Als sie dreizehn [sic] war, führte sie bei einem kurzen ›Gedicht
aus Schattierungen‹ Regie, HANDS OF TIME, einer Abfolge von
Bildern von Händen, die das Leben von der Wiege bis ins hohe
Alter repräsentieren: ein Baby, ein Hochzeitspaar, ein Mann, der
ein Gewehr spannt, die Hand eines Mannes auf dem Bauch einer
schwangeren Frau, schließlich ein alter Mann, der ein Kind an der
Hand hält. An nur einem Tag mußte sie das Treatment für den Film
schreiben, die Schauspieler aussuchen, dem Team ihre Anweisungen geben und die Schnittfolge festlegen. Jodie Foster hat den
Film als ›lyrisch und sehr hübsch‹ in Erinnerung« (Richard Corliss, *Time*, 14. Oktober 1991).

Foxes (Jeanies Clique). 1978-80

Jeanie (JODIE FOSTER) und ihre Freundinnen Madge (Marilyn Kagan), Deirdre (Kandice Stroh) und Annie (Cherie Currie) sind von ihren Eskapaden am Abend zuvor noch ziemlich mitgenommen, als sie bei Jeanie aufwachen. Noch lebt die Sechzehnjährige zusammen mit ihrer Mutter Mary (Sally Kellerman) im San-Fernando-Tal von Los Angeles, doch am liebsten würde sie eine eigene Wohnung haben, um sich von ihrer Mutter keine Vorhaltungen anhören zu müssen. Außerdem ist diese seit ihrer Scheidung von Jeanies Vater Bryan (Adam Faith) viel zu sehr mit ihren eigenen Problemen beschäftigt, um sich wirklich ernsthaft um ihre Tochter und deren Schwierigkeiten zu kümmern. Nach außen hin versuchen Jeanie und ihre Freundinnen super-cool zu sein. Sie reden über ihre sexuellen Erfahrungen und jagen ihren Vergnügungen nach. Aber fast alle werden mit ihrer Situation viel schwerer fertig, als sie zugeben. Besonders Annie, die ständig Drogen nimmt und vor ihrem autoritären Vater, einem Polizisten, große Angst hat, ist stark gefährdet, und darum fühlt sich Jeanie für sie besonders verantwortlich. Während Madge in dem älteren Jay (Randy Quaid) einen Freund findet, der auch zu ihr hält, als bei

Kandice Stroh, Marilyn Kagan, Cherie Currie, Jodie Foster

einer wilden Party der Clique randalierende Jungen seine ganze Wohnungseinrichtung zerschlagen, versucht Jeanie vergeblich, Annie in ihren Schwierigkeiten zu helfen.

FOXES ist zwar kein weibliches AMERICAN GRAFFITI, aber weitaus besser als sein Ruf und interessanter als alles, was Regisseur Adrian Lyne, dessen Debüt dies ist, danach noch gemacht hat. Daran hat Jodie Foster erheblichen Anteil: Obwohl es um die Freundschaft der vier Mädchen geht, ist es doch Jeanie, die im Mittelpunkt steht und um die alles kreist. »Nur weil sie dir ein Diaphragma verpassen, bist du noch längst keine Frau!« wird Jeanie von ihrer Mutter in jener Szene angeschrien, in der sich die beiden gegenseitig Verantwortungslosigkeit vorwerfen. Die Mutter hat doppelt unrecht: Jeanie legt im Umgang mit ihren Freundinnen ein bemerkenswertes Maß an Verantwortungsgefühl an den Tag, und selbst wenn sie noch nicht volljährig ist, geht sie doch allemal als Frau durch: keine Spur mehr von dem Babyspeck aus ihren europäischen Filmen. Wenn sie zum Beispiel lässig am Steuer des schwarzen Pick-up-Trucks sitzt und auf dem Hollywood (sie sagt »Hollyweird«) Boulevard nach Annie Ausschau hält, wenn sie gemeinsam mit ihrer Mutter in einem harmonischeren Moment Plato liest oder wenn sie am Schluß des Films, nach Madges Hochzeit, rauchend und mit hochgesteckter Frisur an Annies Grab sitzt, dann wird klar, daß man es bei Jodie Foster ab

Jodie Foster, Scott Baio

Jodie Foster

diesem Film nicht mehr mit einem frühreifen Kind oder pubertie-
renden Mädchen zu tun hat, sondern mit einer jungen Erwachsenen. Ihr melancholischer innerer Monolog am Grab der Freundin
ist zwar als Reminiszenz an die drogenabhängige Annie gedacht,
charakterisiert aber gleichzeitig auch das neue Rollenfach der
Jodie Foster, wenn es darin heißt: »Ich laß mich nie begraben. Ich
will nicht, daß sie mir Dreck aufs Gesicht schaufeln. Ich wüßte
wohl, daß ich tot wäre, aber vielleicht hätte ich noch den starken
Drang zu atmen, okay?« Das hört sich schon sehr nach der Art
von Lebensphilosophie an, die sie neun Jahre später als Katie
Chandler in STEALING HOME formulieren wird.

129

Carny (Jahrmarkt). 1979–80

Frankie Chapman (Gary Busey) ist ein Jahrmarktsclown. Seine rüden Sprüche sollen die Besucher dazu bringen, ihn mit Ballwürfen aus seinem Gorilla-Käfig in ein Wasserbassin eintauchen zu lassen. Frankie verläßt sich dabei auf seinen Freund Patch (Robbie Robertson), der ihm immer wieder aus der Klemme helfen muß, wenn er seine Beleidigungen übertreibt. Eines Abends erregt Frankie mit seiner provokanten Nummer die Aufmerksamkeit der jungen Kellnerin Donna (JODIE FOSTER). Sie verläßt Freund und Familie und schließt sich ihm an, als die Truppe weiterzieht. Patch, eifersüchtig und mißtrauisch, sieht das nicht gern. Schon bald kommt es wegen ihr zu Handgreiflichkeiten mit einigen Truckern. Als Donna auf dem Jahrmarkt einen Job als Tänzerin findet, überredet Patch den Schausteller Delno (Bert Remsen), sie als Stripperin anzukündigen. Donnas erschreckter Rückzug löst einen Tumult aus, dem sie nur mit Mühe entkommt. Doch Donna ist nicht nachtragend. Patch revidiert seine Vorbehalte. In der Kleinstadt Athens, Georgia, droht ein Verbot der Monstrositätenschau, die Jahrmarkt-Freaks um ihre Existenz zu bringen. Patch widersetzt sich den massiven »Schutzangeboten« des Ganoven Marvin Dill (Bill McKinney), der auf einen fetten Geschäftsanteil aus ist. Donna bekommt von Gerta (Meg Foster) einen neuen Job in deren Glücksspielbude und findet Gefallen daran. Ihre Begeisterung steckt an. Patch stößt auf Gegenliebe, und Frankie hat das Nachsehen. Enttäuscht legt er sich mit einer Gruppe randalierender Kleinstädter unter Führung des Rauhbeins Skeet (John Lehne) an. Dabei geht ein Teil des Rummelplatzes zu Bruch. Frankie gerät in Lebensgefahr, und ein alter Schausteller (Elisha Cook) kommt zu Tode. Als Dill die angeschlagene Jahrmarktstruppe mit neuen, härteren Forderungen erpressen will und obendrein Donna als »Zugabe« für seinen Helfer Skeet verlangt, lösen Patch und Frankie das Problem auf ihre Weise: Sie inszenieren eine Horrorshow, die ihren Gegnern keine Chance läßt. Donna bleibt bei den Schaustellern, auch wenn die Aussichten nicht die besten sind.
CARNY, der erste Spielfilm des Dokumentaristen Robert Kaylor, ist noch ganz dem Geist des New Hollywood verpflichtet, jener kurzen, mit EASY RIDER (1969) einsetzenden Phase innerhalb des US-Films, als besessene Cineasten wie Peter Bogdanovich, Bob Rafelson und Robert Altman die Tugenden des europäischen

Gary Busey, Jodie Foster, Robbie Robertson

Jodie Foster, Gary Busey

Autorenfilms mit amerikanischem Genre-Kino verknüpften, einer Phase, der im übrigen auch die beiden Scorsese-Filme ALICE DOESN'T LIVE HERE ANYMORE und TAXI DRIVER zuzurechnen sind. CARNY ist, ebenso wie FOXES, ein kleiner Film ohne große Stars, ohne Autojagden und Spezialeffekte, aber im Gegensatz zu FOXES schielt er noch nicht einmal auf irgendeine jugendliche Zielgruppe und ist deshalb frei von stilistischen oder thematischen Konzessionen jedweder Art. Der Film ist eine Liebeserklärung an den Rummel und das fahrende Volk und schildert das Milieu realistisch und ohne allzu große Verklärung. Nur ein einziges Mal – abgesehen von den Szenen *on the road* – verläßt die Kamera die Umzäunung des Jahrmarktgeländes: Man sieht, wie Donna in ihrem Zimmer hastig ihre Sachen packt, bemerkt vor dem Spiegel ein gerahmtes Foto, das sie und ihren Freund Micky zeigt, und teilt Donnas Blick aus dem Fenster auf die lockend blinkenden Lichter des Jahrmarkts vor dem rabenschwarzen Nachthimmel. Frankie kann sie zweifach beeindrucken: Zuerst, als grell geschminkter Bozo in seinem Käfig, entlarvt er Micky (Craig Wasson) als aufbrausenden Wichtigtuer, und dann, als Frankie ohne Maske, sagt er ihr auf den Kopf zu, daß sie achtzehn ist und Donna heißt. In ihren engen Jeans, knappen T-Shirts, braungebrannt und das lange Haar von der Sonne gebleicht, strahlt Jodie Foster große Sinnlichkeit aus, ohne je billig zu wirken. Zweimal ist sie nahe dran, in die Rolle einer Nutte gedrängt zu werden: als »Baby Madonna« beim Striptanz auf der Bühne vor einem gröhlenden, am Ende sogar handgreiflich werdenden Männerhaufen, und später im Wohnwagen, wenn sie zu der Verabredung mit Skeet erscheint, von diesem ans Bett gefesselt und fast vergewaltigt wird. Buchstäblich die Fäden in der Hand hat Donna dagegen in Gertas Glücksspielbude: Als sie merkt, daß sich ein Lesbenpaar für sie interessiert, macht sie die beiden richtig heiß und fordert sie auf, an den Fäden zu ziehen, die sie ihnen wie eine Verlängerung ihrer eigenen Haare hinhält: »Pull a string, win a prize, take me home!« Als sie diesen Moment Patch später schildert, fließt sie über vor Begeisterung: Noch nie habe sie sich so mächtig und so frei gefühlt, und ihre Augen leuchten wie die der kleinen Iris beim Frühstück mit Travis Bickle.

»Das Drehbuch zu CARNY beschreibt Donna, das Mädchen, das sich dem Jahrmarkt anschließt, als ›nicht älter als achtzehn, blond, ausnehmend hübsch, hart und weich zugleich, mädchenhaft und jungenhaft, unbekümmert und ernst‹. Ob diese Beschreibung geschrieben wurde, bevor oder nachdem Jodie Foster die Rolle der Donna bekam, weiß ich nicht, aber sie läßt sich Wort für Wort auch auf die Schauspielerin übertragen« (Thomas Wiener, *American Film*, März 1980). »Jodie Foster, die hier ihre erste Erwachsenenrolle spielt (sie hat Bettszenen mit beiden Männern), vollbringt in einem Part, der ruhig etwas mehr Raum verdient gehabt hätte, wahre Wunder« (Cart., *Variety*, 21. Mai 1980).

Gary Busey, Meg Foster, Jodie Foster

O'Hara's Wife. 1981/82

Rechtsanwalt Bob O'Hara (Edward Asner) und seine Frau Harry (Marietta Hartley) sind seit vielen Jahren glücklich verheiratet und freuen sich auf eine lang geplante Reise. Aber Harry bricht zusammen und kann im Krankenhaus nur noch künstlich am Leben gehalten werden. Bob entschließt sich schweren Herzens, die Geräte abschalten zu lassen. Als er nach Hause kommt, erwartet ihn dort zu seiner grenzenlosen Verblüffung eine fröhliche Harry, die sich benimmt, als sei sie nie krank gewesen. Aber Bob ist der einzige, der Harry sehen kann: Ihr Geist ist es, der ihn über seinen Schmerz hinwegtröstet und ihm neuen Lebensmut gibt. Aber da sind noch die beiden erwachsenen Kinder: Sohn Rob (Perry Lang) hat sich noch nie mit Bob verstanden und legt es auf Konfrontation mit ihm an, während seine jüngere Schwester Barbara (JODIE FOSTER) uneingeschränkt Partei für ihren Vater ergreift.

»Obwohl O'HARA'S WIFE in unabhängiger Produktion fürs Kino gedreht wurde, erreicht er in fast jeder Beziehung allenfalls Fernsehstandard. [...] Die Absicht hinter der ganzen Geschichte ist zweifellos redlich und die Botschaft optimistisch, und es gibt an sich gar nichts Spezielles zu beanstanden außer der grundlegenden Trivialität des Films. [...] Seit man sie zuletzt auf der Leinwand sah, ist Jodie Fosters Stimme sogar noch tiefer geworden, und sie macht einen erheblich reiferen Eindruck als früher« (Cart., *Variety*, 15. Dezember 1982).

Svengali (Obsession – Die dunkle Seite des Ruhms). 1982/83 (Fernsehfilm)

Die zweiundzwanzigjährige Zoe Alexander (JODIE FOSTER) arbeitet tagsüber als Kellnerin und tritt abends in kleinen Musikschuppen als Rocksängerin auf. Die Plattenagentin Eve Swiss (Elizabeth Ashley) wird auf Zoes Talent aufmerksam und überredet den flamboyanten Gesangslehrer Anton Bosnyak (Peter O'Toole), dem Mädchen auf Eves Kosten Unterricht zu erteilen. Anfangs ärgert sich Zoe über Antons arrogante, tyrannische Art und ist drauf und dran, alles hinzuschmeißen. Aber je näher sie Anton kennenlernt, desto mehr ist sie von seiner schillernden Persönlichkeit fasziniert. Der harte, unerbittliche Unterricht trägt Früchte:

Svengali: Peter O'Toole, Jodie Foster

Jodie Foster

Zoe bekommt einen Plattenvertrag, das erste Album wird ein Riesenerfolg und erobert sogar Platz eins der Charts. Zoe wird zum gefeierten Star. Inzwischen hat sie sich in Anton, der dreißig Jahre älter ist als sie, verliebt, und ihre Auftritte kann sie nur dann absolvieren, wenn sie ihn in der Nähe weiß. Deshalb besteht sie auch darauf, daß Anton sie auf ihrer ersten Tournee begleitet. Um Zoe zu zeigen, daß sie sich nur einbildet, von ihm abhängig zu sein, plaziert Anton bei einem Konzert einen Fremden in seine Loge. Als Zoe nach ihrem gelungenen Auftritt den Trick durchschaut, wird sie wütend. Sie droht damit, Johnny Rainbow (Larry Joshua), ihren früheren Freund aus der Band, zu heiraten, kehrt aber doch wieder zu Anton zurück. Der weist sie ab mit den Worten, er werde sie zwar immer lieben, aber nun, da sie »intakt« sei, solle sie gehen und ihn »intakt« lassen.

In BUGSY MALONE sah man Jodie Foster singen, hörte aber ihre Stimme nicht; in MOI, FLEUR BLEUE durfte sie zwar einen Song für den Soundtrack singen, aber eben nur im Off. In diesem fürs Fernsehen gedrehten kleinen Film kann sie endlich vor der Kamera beweisen, daß sie wahrhaftig das Zeug zur Sängerin hat: Drei Softrock-Stücke von James-Bond-Komponist John Barry darf sie mit ihrer tiefen, kehligen Stimme vortragen, und man sieht ihr an, mit wieviel Spaß und Hingabe sie sich dieser Aufgabe gestellt hat. Neben den Musikpartien sind es vor allem die langen, schlagabtauschartigen Dialogszenen zwischen Jodie Foster und Peter O'Toole, die den Film zu einem Vergnügen machen. »Sie hat dieses Schweinchenhafte«, sagt Bosnyak am Anfang, als er Zoes Schädel abtastet und begutachtet wie auf dem Sklavenmarkt, »aber das hat diese Midler-Göre auch.« Zoe läßt sich aber nichts gefallen und gibt entsprechend kontra. Mit Georges Louis du Mauriers klassischer *Trilby*-Geschichte hat dieser Film nur oberflächliche Ähnlichkeit, eine Tatsache, über die sich Regisseur Harvey sogar lustig macht, wenn er Zoe in der allerersten Einstellung des Films in Trance präsentiert, sich dann aber herausstellt, daß sie sich von einem Hypnotiseur nur das Rauchen abgewöhnen lassen will. Das Abhängigkeitsverhältnis zwischen Bosnyak und Zoe ist psychologischer und sinnlicher Natur, nicht psychedelischer und übersinnlicher wie zwischen Svengali und Trilby.

The Hotel New Hampshire (Hotel New Hampshire). 1983/84

Tony Richardsons Verfilmung des Vierhundertseitenromans von John Irving trifft exakt den Ton der Vorlage: Turbulent und ausufernd, skurril und respektlos, phantasievoll und fabulierfreudig, abwechselnd komisch und zu Herzen gehend, folgt der Film dem Leben der chaotischen Berry-Familie, bestehend aus Vater Win (Beau Bridges), einem unverbesserlichen Träumer, seiner Frau Mary (Lisa Banes) und den fünf Kindern Frank (Paul McCrane), Franny (JODIE FOSTER), John (Rob Lowe), Lilly (Jennifer Dundas) und Egg (Seth Green). Nicht nur um ein Hotel New Hampshire geht es, sondern um deren drei, und eines ist grotesker als das andere. Das erste entsteht in Maine, als der Vater eine leerstehende Schule aufkauft und mit (wenigen) Fremden füllt. Hier wachsen die Kinder heran. Als Win Berry von Freud (Wallace Shawn), seinem österreichischen Freund, dem er vor dem Krieg schon einen Bären abgekauft hatte, das Angebot erhält, in Wien eine Pension zu übernehmen, zieht die Familie – reduziert um Mary und Egg, die einer Flugzeugkatastrophe zum Opfer fallen – nach Europa. In einem Stockwerk dieses zweiten Hotel New Hampshire wohnen die Prostituierten, in einem anderen ein Haufen Anarchisten, die die Wiener Oper in die Luft sprengen wollen. Freud hat inzwischen einen neuen Bären, der sich aber als Mädchen namens Susie (Nastassja Kinski) entpuppt: Sie verkriecht sich vor der Welt in einem Bärenfell. Bei der Vereitelung des Attentats stirbt Freud, Vater Win erblindet, und so kehrt man geschlagen, aber nicht mutlos heim in die USA. Von dem Geld, das die kleinwüchsige Lilly nach der Veröffentlichung eines autobiographischen Romans scheffelt, ersteht man ein Hotel, in dem es überhaupt keine Gäste gibt – die Familie gaukelt dem glücklichen Vater einen blühenden Betrieb nur vor.
Natürlich mußte Richardson, der auch das Drehbuch schrieb, Irvings an Episoden und Nebenhandlungen reichen Roman kürzen, raffen, zusammenfassen. Aber in der Art, wie er das macht (die ersten 41 Seiten des Romans sind bereits grandios umgesetzt, noch ehe der letzte Vorspanntitel auf der Leinwand erscheint), beweist er großes erzählerisches Geschick und ein feines Gespür für die literarische Essenz. Jodie Foster spielt Franny, die ältere der beiden Berry-Töchter. Da die Handlung des Films sich über

Hinten: Wilford Brimley, Beau Bridges, Lisa Banes; Mitte: Jennifer Dundas, Rob Lowe, Jodie Foster, Paul McCrane; vorn: Seth Green

etliche Jahre erstreckt, kann man das breite Spektrum und die verschiedenen Facetten dieser Schauspielerin hier so konzentriert und eindrucksvoll erleben wie nie zuvor, und in gewisser Weise spiegelt sich in Frannys Wandlung von rabiater Göre zum gefeierten Hollywood-Star auch der Weg Jodie Fosters. Am Anfang prügelt sich Franny mit Frank unterm Küchentisch, daß die Fetzen

Rob Lowe, Jodie Foster

fliegen. Als Cheerleader am Rande des Football-Felds verknallt sie sich ausgerechnet in den Idioten Chipper Dove (Matthew Modine), der nur hinter ihrem »hübschen Arsch« her ist. Am Halloween-Abend wird sie von Chipper und seiner Bande brutal vergewaltigt. In Wien befreundet sie sich mit der kontaktscheuen

Jodie Foster, Nastassja Kinski

Jodie Foster, Paul McCrane, Beau Bridges, Jennifer Dundas, Dorsey Wright, Nastassja Kinski, Rob Lowe

Susie und schläft auch mit ihr. Zurück in New York bewältigt Franny zwei Traumata auf einmal: Sie rächt sich an Chipper Dove, indem sie ihn grotesk geschminkt empfängt und von Susie dem Bären vergewaltigen läßt, und mit ihrem Bruder John, für den sie schon immer mehr als nur Geschwisterliebe empfand, absolviert sie einen achtstündigen Sex-Marathon. (»Trinken wir auf den Rest unseres Lebens, der jetzt endgültig beginnen kann!« meint sie danach.) Inzwischen eine berühmte Filmschauspielerin, läßt sie mit rüden Worten eine Pressekonferenz platzen, als eine Reporterin die Frage zu stellen wagt, weshalb Lillys zweiter Roman kein Erfolg geworden sei. Am Ende heiratet sie den schwarzen Ex-Football-Profi Junior Jones (Dorsey Wright), der sie damals aus den Händen ihrer Vergewaltiger befreite. Zu Beginn des Films läuft Jodie Foster als »Mädchen Franny« in unvorteilhaften Röcken und Jacken herum, die sie pummelig machen und an ihr etwas albern wirken, aber in den letzten Szenen ist sie – ein wenig auf Romy Schneider geschminkt – so erwachsen, ernsthaft und elegant wie in keinem ihrer früheren Filme.

The Blood of Others / Le Sang des autres. 1983/84

Paris 1938. Hélène (JODIE FOSTER) ist Modezeichnerin. Ihr Freund Paul Perrier (Lambert Wilson) betätigt sich aktiv in der Kommunistischen Partei. Über ihn lernt sie Jean Blomart (Michael Ontkean) kennen, in den sie sich verliebt. Nach anfänglichem Zögern erwidert er schließlich ihre Gefühle. Der Krieg bricht aus. Jean wird eingezogen und gerät in Kriegsgefangenschaft. Aber Dieter Bergmann (Sam Neill), ein Deutscher, der Kontakte zu Gigi (Stéphane Audran), Hélènes Chefin, pflegt, kann auf Drängen Hélènes bewekstelligen, daß Jean freikommt. Jean geht in den Untergrund. Dieter weiß dies, schweigt aber aus Liebe zu Hélène, die dadurch zwischen zwei Fronten gerät. Um Jean ihre Liebe und Loyalität zu beweisen, tritt auch sie dem Widerstand bei. Bergmann merkt, daß er Hélènes Liebe nicht erkaufen kann, und nimmt sich das Leben. Hélène hilft aktiv bei der Befreiung eines Kameraden aus deutscher Gefangenschaft und wird dabei tödlich verwundet.

Es gibt eine lange, wunderbare Suspense-Sequenz, wenn Hélène eine Pistole in das von den Deutschen besetzte Hotel schmuggelt. Da hatte Regisseur Claude Chabrol Gelegenheit zu zeigen, daß er seine Lektion von Hitchcock gelernt hat (Drehbuchautor Brian Moore schrieb für Hitchcock TORN CURTAIN, aber nicht dort, sondern in Hitchcocks TOPAZ findet sich eine ganz ähnliche Hotel-Szene). Ansonsten bleibt der Film im Mittelmaß international produzierter Fernseh-Mehrteiler stecken, und Jodie Foster ist nicht die einzige, die vollkommen deplaziert und desinteressiert wirkt.

»Vielleicht wird man ja in der sechsstündigen Fernsehversion die Passagen des Romans wiederfinden, die man [in der Kinofassung] vermißt. Sie könnten die Psychologie der Hauptfigur erhellen helfen, die auf der Leinwand ein wenig rätselhaft bleibt. Mit ihrer etwas heiseren Stimme und dem rundlichen Körper einer Heranwachsenden ist Jodie Foster eine Hélène, der es jedenfalls an Fremdartigkeit nicht mangelt« (Bruno Villien, *Cinématographe*, Mai 1984). »Jodie Fosters Verwandlung ist gelungen: Mit einer unvorteilhaften Frisur, nicht gerade hübsch, aber faszinierend und sich dessen bewußt, läßt sie an ihrer stets wachsamen Intelligenz keinen Zweifel [...]. Ihr Zynismus, ihre Entschlossenheit, ihre ›unschuldige‹ Zurückhaltung weisen sie als große Schauspielerin aus« (Gérard Legrand, *Positif*, Juli/August 1984). »Der mit über-

Michael Ontkean, Jodie Foster

zeugenden Schauspielerleistungen gefällig und spannend erzählte Kinofilm hat aus dem gleichnamigen Roman Simone de Beauvoirs (1945) die existentialistische Thematik getilgt: die Tragödie des vermeintlich reinen Intellektuellen Jean, der sich zur Tat entschließt und dadurch schuldig werden muß. Chabrol hat in seiner Verfilmung statt dessen Hélène in den Mittelpunkt gerückt und ohne moralische Erörterungen die Geschichte einer Liebe in schwerer Zeit erzählt. [In der längeren, mehrteiligen TV-Fassung] waren die Nebenfiguren ausführlicher geschildert, ohne daß die Hauptzüge der Handlung dadurch anders akzentuiert wurden« (Wilfried Wiegand in: *Claude Chabrol*, München 1986).

Mesmerized. 1984–86

1880 wird in Neuseeland ein Kind geboren, das der Mutter sofort entrissen und in ein Waisenhaus gesteckt wird. Achtzehn Jahre später wünscht der reiche Kaufmann Oliver Thompson (John Lithgow) die nun fast erwachsene Victoria (JODIE FOSTER) zu sehen – und macht ihr einen Heiratsantrag. Victoria: »Woher wußte er, daß ich überhaupt existiere?« Nach der Eheschließung bringt Oliver seine junge Frau vorläufig wieder ins Pensionat zurück, damit sie ihre Ausbildung beende. Dann reist sie ihm in den Norden nach – und der Alptraum beginnt: Oliver erweist sich als perverser Pfennigfuchser, der seine Frau am liebsten durch ein Loch in der Wand ihres Zimmers beim Auskleiden beobachtet. Seine Dienerschaft ist ihm treu ergeben, und so ist Victoria der Willkür ihres Mannes hilflos ausgeliefert. Erst als sie Olivers jüngeren Bruder George (Dan Shor) kennenlernt, findet Victoria Verständnis und Liebe. Das Paar will nach Amerika fliehen. Doch Oliver und sein hartherziger Vater (Harry Andrews) vereiteln die Flucht im letzten Moment. Victoria will in das entstehende Handgemenge eingreifen, trifft aber George und muß annehmen, ihn erschlagen zu haben. Victorias Qual geht also weiter. Sie ist von George schwanger, aber das Kind stirbt bei der Geburt. Sie lernt Wilson (Michael Murphy), den neuen Pfarrer kennen, der sie in die geheimnisvolle Kunst der Hypnose einführt. Als sie einen Brief von George aus Amerika entdeckt, den Oliver vor ihr versteckte, beginnt sie, ihren Mann mit Chloroform zu vergiften. Oliver stirbt einen qualvollen Tod. Nach der Autopsie wird Victoria verhaftet und des Mordes angeklagt. Die Geschworenen sprechen sie allerdings wegen Mangels an Beweisen frei. Victoria schreibt George einen Abschiedsbrief und beginnt anderswo ein neues Leben.

Ein äußerst merkwürdiger Kostümfilm: Von dem amerikanischen Regisseur Michael Laughlin (der sich mit dem Kultfilm STRANGE INVADERS einen Namen machte) nach einem Stoff des polnischen Regisseurs Jerzy Skolimowski in Neuseeland entstanden, erblickte dieser nicht gerade ärmlich ausgestattete Cinemascope-Film nie das Licht der Leinwand, und obwohl Jodie Foster hier erstmals auch als Koproduzentin zeichnet, scheint sie auch selber dieses Werk so gut wie verdrängt zu haben. Was sie an dem Drehbuch, dem die wahre Geschichte der Adelaide Bartlett zugrundeliegt,

als würde sie offen mit ihm flirten. Als sie dann mit ihrem potentiellen Killer schläft, scheint das für sie in der Tat der definitive Kick zu sein – so wie für ihn der Sex mit seinem potentiellen Opfer. Die Zeiten, in denen sich Jodie Foster durch ein Bodydouble vertreten ließ, sind vorbei: Man sieht sie nackt unter der Dusche (und teilt nicht nur in diesem Moment Milos voyeuristischen Blick), und die Sexszenen mit Dennis Hopper sind unverblümter als Hoppers berühmte Sequenz mit Isabella Rossellini in BLUE VELVET. (CATCHFIRE, die verstümmelte Ver-

Jodie Foster, Dennis Hopper

Jodie Foster

sion von BACKTRACK, wirkt in dieser Hinsicht wie von der Zensur
entschärft.) Dadurch, daß sie diese vor allem aus feministischer
Sicht äußerst gewagte Rolle nach ihrem Oscar für THE ACCUSED
annahm, bewies Jodie Foster, daß sie nicht nur einem Film mit
ernsthaftem Anliegen, sondern auch einem erotischen Kinothriller
seine Daseinsberechtigung zuerkennt – zumindest, solange er wie
hier allerhöchstes Genre-Niveau erreicht. Für Regisseur und
Hauptdarsteller Hopper bedeutet BACKTRACK freilich noch mehr
als das: Er drehte ihn an seinem Wohnort Taos und in seiner
eigenen Blockhütte in den Bergen von New Mexico, spickte ihn
mit Verweisen auf Georgia O'Keefe und D. H. Lawrence und mit
Gastauftritten von Bob Dylan, Alex Cox und Neil Young, so daß
BACKTRACK für ihn eine sehr persönliche Arbeit wurde, eine Art
Hoppersches Home Movie.

The Silence of the Lambs (Das Schweigen der Lämmer).
1989–91

Das FBI kommt bei der Jagd nach Buffalo Bill, einem Serienkiller, der füllige Frauen entführt, nach drei Tagen erschießt und teilweise häutet, nicht weiter. Deshalb schickt Spezialagent Jack Crawford (Scott Glenn) die kriminalpsychologisch geschulte FBI-Studentin Clarice Starling (JODIE FOSTER) zu Dr. Hannibal Lecter (Anthony Hopkins), einem brillanten Psychiater und kannibalistischen Massenmörder, der in einer hermetisch abgeriegelten Spezialklinik lebenslang inhaftiert ist. Dr. Lecter gibt Clarice verschlüsselte Hinweise auf die Identität Buffalo Bills. Als Gegenleistung verlangt er von ihr, daß sie ihm von ihren Erinnerungen und Ängsten erzählt. Die junge Frau ist fasziniert und erschreckt zugleich. Um einen kranken Killer zu fassen, muß sie mit einem anderen eine intime, seltsame und gefährliche psychische Bindung eingehen.

»Je gelungener der Bösewicht, desto gelungener der Film«, lautete ein Wahlspruch von Thriller-Altmeister Alfred Hitchcock. Auf Jonathan Demmes THE SILENCE OF THE LAMBS trifft diese Regel voll zu: Die kongeniale Verfilmung des Bestsellers von Thomas Harris bietet mit Dr. Hannibal Lecter, dem der britische Charak-

Jodie Foster

Oben: Anthony Hopkins, Jodie Foster.
Unten: Tracey Walter, Chuck Aber, Jodie Foster

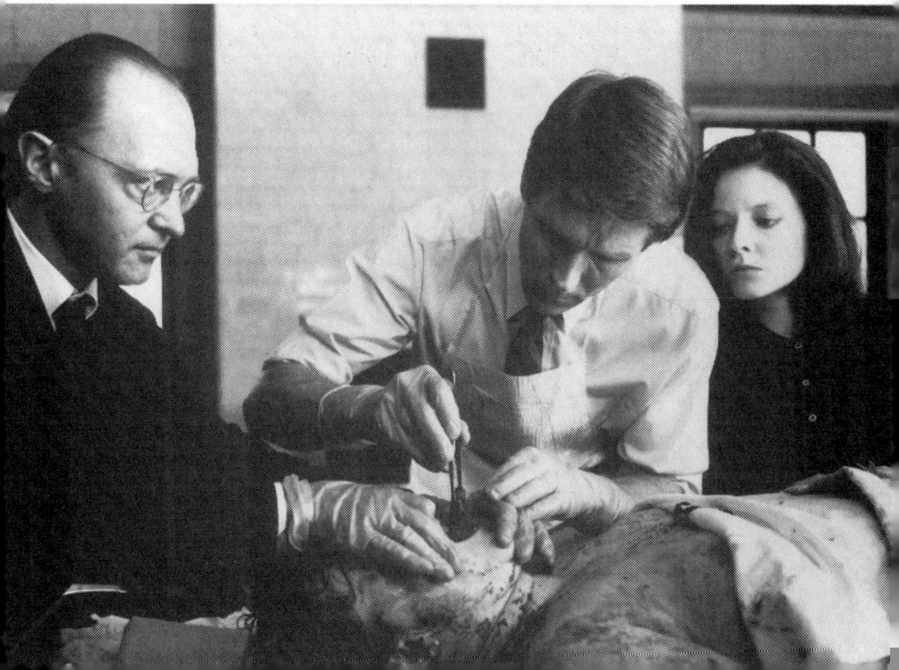

Jodie Foster

terdarsteller Anthony Hopkins eine fast übernatürliche Autorität
und Bedrohlichkeit verleiht, eine Verkörperung des Bösen, wie
sie in dieser Intensität nicht häufig in der Filmgeschichte zu finden
ist. Jodie Foster spielt die Rolle der Clarice Starling ganz verhalten
und zurückgenommen, mit ernstem Blick und einer Aura von
Intelligenz und Tapferkeit, die nicht nur Hannibal Lecter Respekt
abverlangt. Auf ihre Weise ist Jodie Foster in diesem Film, für den
sie ihren zweiten Oscar erhielt, ebenso unvergeßlich wie ihr
großartiger Gegenspieler. Regisseur Demme mutet dem Zuschauer einiges zu: Mehr als einmal läßt er seine Protagonistin in
Abgründe blicken, die geeignet sind, blankes Entsetzen, wenn
nicht gar heillose Panik auszulösen. Aber so morbide die Stimmung dieses Films auch ist, so geht doch eine hypnotische Kraft
von ihm aus, die der Faszination des Bösen in der Figur Hannibal
Lecters entspricht und der man sich kaum entziehen kann.
»Clarice Starling, gespielt von Jodie Foster und gefilmt von
Jonathan Demme, das ist ein ganzer Film für sich. […] Schon in
den ersten Bildern von THE SILENCE OF THE LAMBS präsentiert
sich eine vollkommen neue Jodie Foster: Im Jogginganzug, das
Haar zu einem einfachen Pferdeschwanz zusammengebunden,
rennt sie durch einen Wald, die Kamera ist ihr hart auf den Fersen
und läßt sie wie das nächste Opfer eines *serial killer* erscheinen.
Rätsel des Kinos: Obwohl der Film ganz konventionell geschnit-

165

ten ist und mit alternierenden Einstellungen auf das Subjekt und aus dessen Sicht arbeitet, wirkt THE SILENCE OF THE LAMBS wie ein Dokumentarfilm über Jodie Foster und ihre Auseinandersetzung mit Clarice Starling. ›Vor allem war mir daran gelegen, den Zuschauer an Clarices Stelle zu versetzen‹, sagt Jonathan Demme in *Film Comment*. ›Das verlangte eine große Anzahl von subjektiven Einstellungen in jeder Szene, in der sie auftaucht. Ich wollte, daß man immer das sieht, was Clarice sieht. Je größer die Intensität der Szenen zwischen ihr und Lecter, um so wichtiger wurde die Subjektivität ihres Blickes. Das ist vielleicht der Grund dafür, daß plötzlich eine Intimität entsteht, die man sonst nur mit dem Beichtstuhl oder der Couch beim Psychiater verbindet.‹ Und dennoch: Was von dem Film haften bleibt, ist Jonathan Demmes Blick auf seine Schauspielerin, ein Prinzip, das seinen radikalsten Punkt erreicht, wenn man sie am Ende aus der Sicht des Mörders sieht. Die Winzigkeit Jodie Fosters inmitten ihrer männlichen Kollegen (in dem Lift zum Beispiel, wo alle rote Polos tragen und nur sie ganz in Grau ist), ihre Art, dem Blick ihres Vorgesetzten Jack Crawford allein mit Hilfe ihrer Stimme standzuhalten; diese Stimme mit ihrem ländlichen Akzent, die in dem Moment am sinnlichsten ist, wenn sie nicht mehr aus dem Kopf, sondern direkt aus dem Bauch kommt. Und dann die Gespräche mit Hannibal Lecter in der stilisierten Umgebung eines fast mittelalterlichen Kerkers, gefilmt in einem eigenartigen Schuß/Gegenschuß-System, das vor allem aus Großaufnahmen besteht, wobei der Blick der Schauspieler ganz leicht links oder rechts an der Kamera vorbeigeht, als wolle jeder die Seele des anderen durchdringen. Eine seltsame Konfrontation, bei der aus Aktion Sprache wird, ein Informations*austausch* im buchstäblichen Sinne (›Ich gebe dir einen Hinweis, du gibst mir eine persönliche oder gar intime Erinnerung‹). Wenn Jodie Foster in einem Kostüm von der Stange und billigen Schuhen den düsteren Gefängnisflur hinuntergeht (selten hat eine so banale, strenge Kleidung einer Schauspielerin in einem Film eine solche Präsenz verliehen), wenn sie sich dem verrückten Psychiater gegenübersetzt, aufrecht und die Knie zusammen, um ihm zu gestehen, daß sein Zellennachbar ihr zugezischt hat: ›Ich kann deine Fotze riechen‹, dann erlebt man eine der am sorgfältigsten erarbeiteten Charaktere, die jemals von einer amerikanischen Schauspielerin auf die Leinwand gebracht wurde. Wenn die Kamera einen Halbkreis um Clarice beschreibt und

Ted Levine, Jodie Foster

ihren Knoten im Magen spürbar macht, als Crawford sie allein
unter lauter Polizeibeamten läßt, um mit dem örtlichen Sheriff
über die Einzelheiten eines Sexualmordes zu sprechen, dann
erlebt man einen der aufrichtigsten Blicke auf eine Schauspielerin,
die man sich vorstellen kann« (Iannis Katsahnias, *Cahiers du
cinéma*, April 1991).

Little Man Tate (Das Wunderkind Tate). 1990/91

Fred Tate (Adam Hann-Byrd) konnte bereits lesen, als er erst ein Jahr alt war. Mit vier verfaßte er Gedichte. Jetzt, mit sieben, malt er Aquarelle, löst hochkomplizierte mathematische Aufgaben und spielt meisterhaft Klavier. Hinzu kommt eine außergewöhnliche Sensibilität, mit der er seine direkte Umgebung sowie globale Probleme erfaßt und verarbeitet. Seine alleinerziehende Mutter Dede (JODIE FOSTER) bemüht sich, ihren hochtalentierten Sohn angemessen zu erziehen. Doch ihre liebevolle und kumpelhafte Art kann nichts daran ändern, daß Fred ein unverstandener Außenseiter ohne Freunde bleibt. Seine Ernsthaftigkeit isoliert ihn von einer gewöhnlichen Kindheit. Dann wird die Psychologin Jane Grierson (Dianne Wiest) auf den Jungen aufmerksam. Sie fördert überdurchschnittlich begabte Kinder und möchte Fred in das ausgefeilte Trainingsprogramm »Odyssee des Geistes« aufnehmen. Fred ist begeistert. Doch seine Mutter steht der allzu fordernd auftretenden Konkurrentin ablehnend gegenüber, und zwischen den beiden Frauen entbrennt ein stiller, latenter Kampf um Freds Geist und Herz. Unter größten Vorbehalten übergibt Dede ihren Sohn während der Sommerferien schließlich doch der Obhut der fremden Frau. Für Fred folgt eine stets abwechslungsreiche, manchmal schmerzhafte Zeit, die sein weiteres Leben

Adam Hann-Byrd, Jodie Foster

Jodie Foster, Kameramann Mike Southon

entscheidend beeinflussen wird. Am Ende müssen beide, Freds
Mutter ebenso wie die ehrgeizige Psychologin, erkennen, daß
selbst die bestgemeinten Absichten nicht die Probleme des sensi-
blen Kindes zu lösen vermögen.

»I Get a Kick Out of You«, singt Ella Fitzgerald über den Vor-
spanntiteln, und man hat in der Tat am meisten von LITTLE MAN
TATE, wenn man ihn als Liebesfilm betrachtet. Denn im Leben der
Kellnerin Dede Tate gibt es nur einen einzigen Mann, und das ist
ihr Sohn Fred, der zwar noch den Körper eines Kindes, aber den
Geist eines hochintelligenten Erwachsenen hat. Und auf die Frage
nach seinem Vater antwortet Dede ihrem Sprößling schnippisch:
»Unbefleckte Empfängnis!« Wenn man Dede und Fred in ihrer
düsteren, mit Krempel vollgestopften Wohnung zusammen tanzen sieht, spürt man, daß es ihnen überhaupt nichts ausmachen
würde, wenn sie ganz allein auf der Welt wären. Regisseurin Jodie
Foster unterstreicht diesen privilegierten Moment ihres Erstlings-
werkes, indem sie von innen nach außen schneidet: Die Kamera
blickt nun von draußen in die erleuchtete Stube, wo das Paar
weiter tanzt, ein langsamer Zoom zurück erfaßt das alte Mietshaus

in seiner Gänze, und nur hinter dem Fenster der Tates, die man sich noch immer Hand in Hand zu Mark Ishams Jazz bewegen sieht, brennt Licht. Die Abblende, die nun folgt, entspricht an dieser Stelle der Zärtlichkeit, mit der eine Mutter ihr Kind zudeckt. Das Paar Dede/Fred fällt als *romantic couple* gleich zweifach aus

Jodie Foster, Adam Hann-Byrd

170

Adam Hann-Byrd, Jodie Foster

dem Rahmen, nicht nur in der Kombination Mutter/Sohn (Jodie
Foster zitiert Louis Malles LE SOUFFLE AU COEUR [Herzflimmern]
als Einfluß), sondern auch dadurch, daß Fred wie ein schüchterner
Erwachsener wirkt und Dede eher wie ein freches Kind. Es gibt
eine Szene, in der dies wunderbar auf den Punkt gebracht wird:
Fred sitzt auf dem Fenstersims und ist in eines von Jane Griersons
dicken Büchern versunken, Dede kommt hinzu, ißt Kirschen und
spuckt die Kerne übermütig auf die Straße. Obwohl Dede Tate
sich sehr fraulich kleidet – weite, lange Röcke oder Schlabber-
hosen –, erinnert Jodie Fosters Spiel in diesem Film noch am
ehesten an ihre androgynen Kinderrollen wie etwa in PAPER
MOON: So wie sie sich schon als burschikoses Mädchen mit
Wonne geprügelt hat, macht sie hier von ihrer großen Klappe
Gebrauch, und man spürt, daß sie es ernst meint, wenn sie Jane
damit droht, sie umzubringen, sollte Fred irgend etwas passieren.
Als Regisseurin streicht Jodie Foster vor allem den Kontrast und
den Konkurrenzkampf zwischen der bodenständigen, einfachen
Dede und der intellektuellen, kühlen Jane Grierson heraus, aber
dieser Kampf ist arg parteiisch: Die Figur Janes gerät trotz Dianne
Wiests darstellerischer Kraft zur Karikatur, sie hat gegen Jodie
Fosters Löwenmutter von vornherein nicht die geringste Chance.
Der Höhepunkt des Konflikts ist gleichzeitig auch formales
Glanzlicht des Films: Fred ist von der ehrgeizigen Jane bei einer
Live-Talkshow angemeldet worden. Im Parallelschnitt sehen wir
abwechselnd Fred im Studio und Dede weit entfernt an ihrem
Urlaubsort vor dem Fernsehapparat. Auf die Frage, was er einmal

Harry Connick Jr., Adam Hann-Byrd

Adam Hann-Byrd, Dianne Wiest

172

Jodie Foster

werden wolle, antwortet Fred störrisch: »Feuerwehrmann!«, und
Dede schwant Böses. Der nächste Satz ihres Sohnes (ein Zitat aus
Truffauts SIE KÜSSTEN UND SIE SCHLUGEN IHN) zielt mitten in
Dedes Herz: »Meine Mutter ist tot!« Der Ausdruck auf Jodie
Fosters Gesicht spiegelt wider, daß sie den Hilfeschrei, der sich
hinter diesem ungeheuerlichen Satz versteckt, sehr wohl ver-
nimmt. In diesem Moment – Fred wird am Bildschirm gerade
gebeten, ein Gedicht aufzusagen – dringt ein echter Hilferuf an
Dedes Ohr, sie rennt nach draußen und sieht den Sohn ihrer
Freundin leblos im Schwimmbecken liegen. Wegen ihrer Rettungsaktion (Herausholen des Jungen, erfolgreiche Mund-zu-
Mund-Beatmung) versäumt sie Freds Gedicht, das sich freilich
nicht als das von Jane und dem Talkmaster erwartete lyrische
Meisterwerk entpuppt, sondern als das Rezitieren eines Schulauf-
satzes eines von ihm heimlich bewunderten Klassenkameraden:
»Ich und mein Dad machen Modelle von Klipperschiffen…« Nie
waren Sehnsucht und Verbundenheit zwischen Dede und Fred
größer als in diesem Moment, da sie das Kind einer anderen rettet
(und Fred damit meint) und er über den Vater eines anderen spricht
(und seine Mutter damit meint).

173

Shadows and Fog (Schatten und Nebel). 1991/92

Eine mitteleuropäische Kleinstadt zwischen den Weltkriegen: Kleinman (Woody Allen), ein ängstlicher, übernervöser Angestellter, wird von der Bürgerwehr aus dem Bett geholt, um sich an der Jagd nach dem Würger zu beteiligen, der das Städtchen heimsucht. Zur gleichen Zeit verläßt Irmy (Mia Farrow), Schwertschluckerin in einem kleinen Zirkus, der auf der anderen Seite des Flusses seine Zelte aufgeschlagen hat, ihren untreuen Freund, den Clown (John Malkovich), und findet Zuflucht in einem Bordell voller freundlicher Dirnen (Lily Tomlin, JODIE FOSTER, Kathy Bates). Draußen im Nebel geht das Morden weiter. Am Ende läßt ein Findelkind Irmy und den Clown wieder zueinanderfinden, und Kleinman schließt sich als Assistent des Magiers (Kenneth Mars) dem Zirkus an.

Lily Tomlin, Jodie Foster, John Cusack

Das Hurenhaus ist der wärmste Ort in dieser kafkaesken, von hartherzigen Schacherern und verblendeten Bürokraten bevölkerten Theaterkulissenstadt, der einzige Ort auch, den der Würger verschont. Und die Huren sind die freundlichsten und zufriedensten Menschen, so daß Irmy in ihrer Mitte ganz schnell ihre Scheu verliert und sich sogar von einem Studenten (John Cusack) überreden läßt, für 700 Dollar mit ihm zu schlafen. (»Für das Geld kannst du uns alle haben!« lachen die Professionellen.) Jodie Foster spielt eine junge Dirne mit dem abgeklärten Humor eines Menschen, den nicht mehr viel schockieren kann: »Der komischste Typ, den ich je hatte, war der, für den ich ein Zwillingspaar sein mußte. Das war Schwerstarbeit!« erzählt sie und läßt ihr dreckigstes Lachen ertönen. Etwas später in derselben Szene sitzen die Mädchen und Irmy immer noch am Tisch, aber die Kamera ist jetzt in der Mitte und fährt zweimal gegen den Uhrzeigersinn alle Gesichter ab, während jede der Dirnen Irmy ein bißchen Lebensweisheit abgibt. »Es gibt nur eine Liebe, die dauerhaft ist, und das ist unerwiderte Liebe«, sagt Jodie Foster weniger resigniert als fröhlich, »die trägst du für immer mit dir herum!« Gegen Ende des Films – Irmy ist nach ihrem Abenteuer mit dem Studenten ein wenig beschämt wieder gegangen – findet auch Kleinman Zuflucht in dem Bordell. Nach einer kurzen Diskussion über die Existenz Gottes (Jodie: »Lieber falsche Götter als gar kein Gott!«) zieht die junge Dirne einen widerstrebenden Kleinman ins Hinterzimmer. Kleinman: »Ich habe in meinem ganzen Leben noch nicht für Sex bezahlt!« Jodie grinsend: »Oh, das denkst du bloß!«

Sommersby (Sommersby). 1992/93

Vine Hill, Tennessee, 1866. Nach sechs Jahren kehrt Jack Sommerby (Richard Gere), von dem man glaubte, er sei im Sezessionskrieg gefallen, nach Hause zurück. Seine Frau Laurel (JODIE FOSTER) begrüßt ihn mit gemischten Gefühlen, hatte sie doch ihre Selbständigkeit genossen und den gefühlskalten, ungeliebten Ehemann kaum vermißt. Doch nun stellt sie überrascht fest, daß Jacks Wesen sich verändert hat und die Jahre aus ihm einen vernünftigen, liebevollen Mann gemacht zu haben scheinen. Laurel fühlt sich immer stärker zu Jack hingezogen und stößt Orin Meecham (Bill Pullman), der schon immer in sie verliebt war und sich Hoffnungen auf eine Heirat machen durfte, vor den Kopf, indem sie ihn endgültig abweist. Mit seinem Plan, auf den Feldern Tabak anzubauen und sein Land mit den bisherigen Pächtern zu teilen, bringt Jack Sommersby es fertig, der Gemeinde wieder zu Wohlstand zu verhelfen. Bis auf Orin Meecham und seine Ordensbrüder vom Ku-Klux-Klan, denen der »Niggerfreund« Jack Sommersby ein Dorn im Auge ist, schenkt kaum jemand im Ort den Kleinigkeiten Aufmerksamkeit, die bedeuten könnten, daß der Heimkehrer vielleicht gar nicht Jack Sommersby ist. Laurel läßt sich von Orin nicht verunsichern: Sie erwartet ein Kind von Jack und weiß, daß sie diesen Mann liebt. Nach der Taufe der kleinen Rachel wird Jack vor der Kirche verhaftet, aber nicht wegen Hochstapelei, sondern wegen eines Mordes, der vor etwas über einem Jahr in einer anderen Stadt begangen wurde. Vor dem Gericht in Nashville kommt es zu einem Prozeß mit vielen unerwarteten Wendungen: Um Jack vor dem Galgen zu retten, gibt Laurel öffentlich zu, von Anfang an gewußt zu haben, daß der Heimkehrer nicht ihr Mann ist; er dagegen beharrt darauf, der wahre Sommersby zu sein, selbst wenn er damit die Schuld eines anderen auf sich nimmt und dafür gehenkt wird. Aber der Tod als geliebter Mann und angesehenes Mitglied der Gemeinde von Vine Hill ist ihm lieber als eine Rückkehr in die schäbige Existenz, die er führte, bevor er in die Haut von Jack Sommersby schlüpfte.

Bis zum Schluß bleibt für den Zuschauer in der Schwebe, ob es sich bei dem Heimkehrer wirklich um Laurels Ehemann handelt oder nicht. Die Ungewißheit verleiht natürlich auch den Liebesszenen zwischen Richard Gere und Jodie Foster ihre Ambiguität: Schläft sie mit einem Fremden, ohne es zu merken? Geht das

Jodie Foster, Richard Gere

Jodie Foster, Richard Gere

überhaupt? Wenn nicht, tut sie es also wissentlich? Würde sie das tun? Wenn nicht, ist er also doch ihr Mann? Noch bei der Gerichtsverhandlung, wenn Laurel behauptet, Jack sei nicht ihr Mann, könnte sie lügen. Erst in der Szene in der Todeszelle, wenn er ihr unter vier Augen erzählt, wie es zu dem Identitätstausch kam, und sie gesteht, ihn von Anfang an durchschaut gehabt zu haben, liegen die Karten für einen kurzen Moment auf dem Tisch. Aber zu diesem Zeitpunkt ist die Wahrheit längst vollkommen unwichtig und nebensächlich geworden, denn an der Liebe zwischen diesen beiden Menschen (ebenso wie an dem »Wert« des falschen Sommersbys für die »Gesellschaft«) zweifelt niemand mehr. Zum erstenmal spielt Jodie Foster die Hauptrolle in einer Leinwandromanze; sie und Richard Gere bilden das, was es in dieser reinen Form bislang in keinem Jodie-Foster-Film gab: ein klassisches Liebespaar. Das klingt zwar nach Schnulze, Kitsch und heiler Welt, aber wenn man sich Jodie Fosters Rolle genauer ansieht, wird man feststellen, daß selbst Laurel Sommersby sich nahtlos in die Reihe Fosterscher Frauenfiguren einfügt. »Ich hatte verges-

Jodie Foster, Richard Gere

sen, wie schön du bist«, sagt Jack bei seiner ersten Begegnung mit
Laurel, und nur sie weiß, daß er damit eigentlich sagen will: »Ich
hätte nicht geglaubt, daß du so schön bist.« Am ersten Abend
besteht Laurel darauf, dem Mann, der sich da in ihr Leben drängt,
den Bart zu rasieren. Eine wunderbare Szene, gleichzeitig bedroh-
lich und intim: Er liefert sich ihr aus (sie könnte ihm jederzeit die
Kehle durchschneiden), und im Nachhinein ist klar, daß sie in
diesem Moment den Entschluß fast, sein Spiel mitzuspielen, ihn
also auch in ihr Bett zu lassen und damit etwas für die damalige
Zeit Unerhörtes zu tun. Für die Liebe zu diesem Fremden, dessen
Namen sie nicht einmal kennt (prosaischer: für den Sex mit ihm
und dafür, daß wieder ein Mann – irgendein Mann – im Hause ist),
lebt sie in Lüge und wilder Ehe und riskiert, aus Kirche und
Gesellschaft ausgeschlossen zu werden. Die Entschlossenheit und
der Mut, mit der Laurel Sommersby hier die Gelegenheit beim
Schopfe packt und ihr Leben selbst in die Hand nimmt, macht sie
einwandfrei zu einer Vorreiterin von modernen Frauengestalten
wie Sarah Tobias, Clarice Starling und Dede Tate.

179

Filmographische Daten

a) Langfilme

1) MENACE ON THE MOUNTAIN (TV)
USA 1969/70

Regie: Vincent McEveety. *Buch:* Robert Heverly (nach dem Buch von Mary A. Hancock). *Kamera:* William Snyder. *Musik:* Buddy Baker. *Ausstattung:* John B. Mansbridge, Russell Menzer. *Schnitt:* Ray de Leuw. *Ton:* Robert O. Cook. *Produzent:* Ron Miller. *Koproduzent:* Tom Leetch. *Produktion:* Walt Disney Productions.

Darsteller: Patricia Crowley *(Leah McIver)*, Albert Salmi *(Poss Timmerlake)*, Charles Aidman *(Jed McIver)*, Mitch Vogel *(Jamie McIver)*, Richard Anderson *(Major Galt)*, Dub Taylor *(Cicero Everhart)*, Eric Shea *(Mark McIver)*, John Harper *(Mr. Sykes)*, James Nusser *(Ben Forrester)*, Dan Ferrone *(Lt. Saunders)*, JODIE FOSTER *(Suellen McIver)*, Gregg Palmer *(Poss Bushwacker)*, William Fawcett.

Länge: 81 Minuten. *Format:* 35 mm, Farbe (Technicolor). *Drehzeit:* Sommer 1969. *Erstausstrahlung:* 1. März/8. März 1970 (in zwei Teilen innerhalb der Sendereihe WORLD OF DISNEY). *Erstaufführung (Kino):* Juli 1972, Großbritannien.

2) NAPOLEON AND SAMANTHA (Flucht in die Wildnis)
USA 1971/72

Regie: Bernard McEveety. *Buch:* Stewart Raffill. *Kamera:* Monroe P. Askins. *Musik:* Buddy Baker. *Ausstattung:* John B. Mansbridge, Walter M. Simonds. *Schnitt:* Robert Stafford. *Ton:* Herb Taylor, Andrew Gilmore. *Kostüme:* Chuck Keehne, Emily Sundby. *Tierdressur:* Joseph und Stewart Raffill. *Koproduzenten:* Tom Leetch, Stewart Raffill. *Produzent:* Winston Hibler. *Produktion:* Walt Disney Productions.

Darsteller: Michael Douglas *(Danny)*, Will Geer *(Grandpa)*, Arch Johnson *(Polizeichef)*, Johnny Whitaker *(Napoleon Wilson)*, JODIE FOSTER *(Samantha)*, Henry Jones *(Mr. Gutteridge)*, Major *(Major, der Löwe)*, Vito Scotti *(Clown Dimetri)*, John Crawford *(Sergeant)*, Mary Wickes *(Angestellte)*, Ellen Corby *(Gertrude)*, Rex Holman *(Mark)*, Claude Johnson *(Gary)*, John Lupton *(Pete)*.

Länge: 92 Minuten. *Format:* 35 mm, Farbe (Technicolor). *Drehzeit/-ort:* Sommer 1971, Strawberry Mountains/Oregon. *Uraufführung:* Juli 1972. *Deutsche Erstaufführung:* 17. Mai 1988 (Video). *Videovertrieb:* Buena Vista Video.

3) **KANSAS CITY BOMBER** (Round Up)
USA 1972
Regie: Jerrold Freedman. *Buch:* Thomas Rickman, Calvin Clements.
Story: Barry Sandler. *Kamera:* Fred Koenekamp. *Musik:* Don Ellis.
Songs gesungen von: Jeff Thomas. *Ausstattung:* Jospeh R. Jennings.
Schnitt: David Berlatsky. *Ton:* Don Johnson, Harry W. Tetrick. *Kostüme:*
Ronald Talsky. *Ausführende Produzenten:* Jules Levy, Arthur Gardner.
Produzent: Marty Elfand. *Produktion:* MGM/Levy-Gardner-Laven/Ra-
quel Welch/Artists Entertainment Complex.
Darsteller: Raquel Welch *(K.C. Carr)*, Kevin McCarthy *(Burt Henry)*,
Helena Kallianiotes *(Jackie Burdette)*, Norman Alden *(Horrible Hank
Hopkins)*, Jeanne Cooper *(Vivien, die Trainerin)*, Mary Kay Pass *(Lovey)*,
Martine Bartlett *(Mrs. Carr)*, Cornelia Sharpe *(Tammy O'Brien)*, Willam
Gray Espy *(Randy)*, Dick Lane *(Len, Fernsehansager)*, Russ Martin
(Dick Wicks), Stephen Manley *(Walt)*, JODIE FOSTER *(Rita)*, Georgia
Schmidt *(alte Dame)*, Patti ›Moo Moo‹ Cavin *(Big Bertha Bogliani)*,
Shelly Novack/Jim Nickerson *(Fans)*.
Länge: 99 Minuten. *Format:* 35 mm (Panavision), Farbe (Metroco-
lor). *Drehorte:* Portland/Oregon, Fresno/Kalifornien, Kansas City/
Kansas. *Uraufführung:* August 1972. *Deutsche Erstaufführung:* 1985
(Video).

4) **TOM SAWYER** (Tom Sawyers Abenteuer)
USA 1972/73
Regie: Don Taylor. *Buch:* Robert B. Sherman, Richard M. Sherman
(nach »The Adventures of Tom Sawyer« von Mark Twain). *Kamera:*
Frank Stanley. *Songs:* Gratification/A Man's Gotta Be (What He's
Born to Be)/If'n I Was God/Tom Sawyer, How Come?/Hannibal, Mo.
('Zouree)/Free Bootin'/Aunt Polly's Soliloquy (Musik und Texte: Ro-
bert B. Sherman, Richard M. Sherman). *Musikalische Leitung:* John
Williams. *Titelsong:* River Song (Musik und Text: Robert B. Sherman,
Richard M. Sherman, gesungen von Charley Pride.) *Produktionsdesign:*
Philip Jefferies. *Schnitt:* Marion Rothman. *Ton:* Murray Spivack, Dean
Vernon, Theodore Soderberg. *Kostüme:* Donfeld. *Choreographie:*
Danny Daniels. *Produktionsleitung:* Robert Greenhut. *Ausführender
Produzent:* Walter Bien. *Koproduzent:* Frank Capra Jr. *Produzent:* Ar-
thur P. Jacobs. *Produktion:* Apjac International/Reader's Digest/United
Artists.
Darsteller: Johnny Whitaker *(Tom Sawyer)*, Celeste Holm *(Tante Polly)*,
Warren Oates *(Muff Potter)*, Jeff East *(Huckleberry Finn)*, JODIE FOSTER
(Becky Thatcher), Lucille Benson *(Witwe Douglas)*, Henry Jones *(Mr.
Dobbins)*, Noah Keen *(Richter Thatcher)*, Dub Taylor *(Clayton)*, Richard
Eastham *(Doc Robinson)*, Sandy Kenyon *(Wachtmeister Clemens)*, Jo-

shua Hill Lewis *(Cousin Sidney)*, Susan Joyce *(Cousine Mary)*, Kunu Hank *(Indianer-Joe)*.
Länge: 103 Minuten. *Format:* 35 mm (Panavision), Farbe (DeLuxe). *Drehzeit/-ort:* Sommer 1972, Arrow Rock/Missouri (Höhlenaufnahmen in den Meramec Caverns und der Onongaga Cave). *Uraufführung:* März 1973. *Deutsche Erstaufführung:* 26. Dezember 1992 (ARD).

5) **ONE LITTLE INDIAN** (Ein Kamel im Wilden Westen)
USA 1973
Regie: Bernard McEveety. *Buch:* Harry Spalding. *Kamera:* Charles F. Wheeler. *Musik:* Jerry Goldsmith. *Ausstattung:* John B. Mansbridge, LeRoy G. Deane. *Schnitt:* Robert Stafford. *Ton:* Herb Taylor, George Ronconi. *Kostüme:* Chuck Keehne, Emily Sundby. *Koproduzent:* Tom Leetch. *Produzent:* Winston Hibler. *Produktion:* Walt Disney Productions.
Darsteller: James Garner *(Clint Keyes)*, Vera Miles *(Doris McIver)*, Clay O'Brien *(Mark)*, Pat Hingle *(Capt. Stewart)*, Morgan Woodward *(Sgt. Raines)*, John Doucette *(Sgt. Waller)*, Andrew Prine *(Kaplan)*, Robert Pine *(Lt. Cummins)*, Bruce Glover *(Schrader)*, Ken Swofford *(Pvt. Dixon)*, Jay Silverheels *(Jimmy Wolf)*, JODIE FOSTER *(Martha McIver)*, Jim Davis, Walter Brooke, Rudy Diaz, John Flinn, Lois Red Elk, Hal Baylor, Terry Wilson, Paul Sorensen, Read Morgan, Richard Hale.
Länge: 90 Minuten. *Format:* 35 mm, Farbe (Technicolor). *Drehort:* Umgebung von Kanab/Utah. *Uraufführung:* Juni 1973. *Deutsche Erstaufführung:* 12. August 1988 (ARD).

6) **SMILE, JENNY – YOU'RE DEAD** (TV)
USA 1973/74
Regie: Jerry Thorpe. *Buch:* Howard Rodman. *Kamera:* Jack Woolf. *Musik:* Billy Goldenberg. *Ausstattung:* Walter Scott Herndon. *Schnitt:* Melvin Shapiro, Michael A. Hoey. *Produzent:* Jerry Thorpe. *Produktion:* Warner Bros./ABC.
Darsteller: David Janssen *(Harry Orwell)*, John Anderson *(Col. John Lockport)*, Howard da Silva *(Lt. Humphrey Kenner)*, Martin Gabel *(Meade DeRuyter)*, Clu Gulager *(Milt Bosworth)*, Zalman King *(Roy St. John)*, Tim McIntire *(Charley English)*, Andrea Marcovicci *(Jennifer English)*, JODIE FOSTER *(Liberty Cole)*, Harvey Jason *(Modefotograf)*, Barbara Leigh *(Mildred)*, Victor Argo *(Sgt. Richard Marum)*, Ellen Weston *(Julia)*, Chet Winfield *(Assistent des Fotografen)*.
Länge: 100 Minuten. *Format:* 35 mm, Farbe. *Erstausstrahlung:* 3. Februar 1974.

182

7) **ALICE DOESN'T LIVE HERE ANYMORE** (Alice lebt hier nicht mehr)
USA 1974
Regie: Martin Scorsese. *Buch:* Robert Getchell. *Kamera:* Kent L. Wakeford. *Songs:* Mott the Hoople, Leon Russell, Elton John, T.Rex, Ellen Burstyn, Kris Kristofferson u. a. *Zusätzliche Musik:* Richard LaSalle. *Produktionsdesign:* Toby Carr Rafaelson. *Schnitt:* Marcia Lucas. *Ausführender Produzent:* Larry Cohen. *Koproduzentin:* Sandra Weintraub. *Produzenten:* David Susskind, Audrey Maas. *Produktion:* Warner Bros. *Darsteller:* Ellen Burstyn *(Alice Hyatt)*, Kris Kristofferson *(David Barrie)*, Alfred Lutter *(Tommy Hyatt)*, Harvey Keitel *(Ben Eberhart)*, Billy Green Bush *(Donald Hyatt)*, Diane Ladd *(Flo)*, Lelia Goldoni *(Bea Webb)*, Lane Bradbury *(Rita Eberhart)*, Vic Tayback *(Mel)*, JODIE FOSTER *(Doris Prinson, genannt Audrey)*, Valerie Curtin *(Vera)*, Murray Moston *(Jacobs)*, Harry Northup *(Barkeeper bei Joe's & Jim's)*, Mia Bendixsen *(Alice als Achtjährige)*.
Länge: 112 Minuten. *Format:* 35 mm, Farbe (Technicolor). *Drehzeit/-ort:* Anfang 1974, Tucson/Arizona, New Mexico sowie in den Columbia-Studios, Los Angeles. *Uraufführung:* Dezember 1974. *Deutsche Erstaufführung:* 26. September 1975.

8) **ECHOES OF A SUMMER**
USA/Kanada 1975/76
Regie: Don Taylor. *Buch:* Robert L. Joseph. *Kamera:* John Coquillon. *Musik:* Terry James. *Song:* The Last Castle (Musik, Text, Gesang: Richard Harris). *Ausstattung:* Jack McAdam. *Schnitt:* Michael F. Anderson. *Ton:* Richard Lightstone. *Kostüme:* Ron Talsky. *Ausführende Produzenten:* Sandy Howard, Richard Harris. *Koproduzenten:* Dermot Harris, Muriel Bradley. *Produzent:* Robert L. Joseph. *Produktion:* Beata Filmco./Castle Service Company/Astral Bellevue Pathé.
Darsteller: Richard Harris *(Eugene Striden)*, Lois Nettleton *(Ruth Striden)*, Geraldine Fitzgerald *(Sara)*, William Windom *(Dr. Hallett)*, Brad Savage *(Philip Anding)*, JODIE FOSTER *(Deirdre Striden)*.
Länge: 99 Minuten. *Format:* 35 mm, Farbe (Eastmancolor). *Drehzeit/-ort:* Frühjahr 1975, Nova Scotia/Kanada. *Uraufführung:* April 1976. *Arbeitstitel:* THE LAST CASTLE.

9) **TAXI DRIVER** (Taxi Driver)
USA 1975/76
Regie: Martin Scorsese. *Buch:* Paul Schrader. *Kamera:* Michael Chapman. *Musik:* Bernard Herrmann. *Ausstattung:* Charles Rosen. *Schnitt:* Marcia Lucas (Überwachung), Tom Rolf, Melvin Shapiro. *Ton:* Roger

Pietschman, Tex Rudloff. *Kostüme:* Ruth Morley. *Koproduzent:* Phillip M. Goldfarb. *Produzenten:* Michael Phillips, Julia Phillips, Tony Bill. *Produktion:* Bill-Phillips/Italo-Judeo/Columbia.
Darsteller: Robert De Niro *(Travis Bickle)*, Cybill Shepherd *(Betsy)*, JODIE FOSTER *(Iris)*, Peter Boyle *(Wizard)*, Leonard Harris *(Charles Palantine)*, Harvey Keitel *(Matthew, genannt Sport)*, Albert Brooks *(Tom)*, Garth Avery *(Iris' Freundin)*, Martin Scorsese *(Fahrgast)*, Steven Prince *(Andy, der Waffenverkäufer)*, Diahnne Abbott *(Concession Girl)*, Frank Adu, Vic Argo, Gino Ardito, Harry Cohn, Copper Cunningham, Peter Savage, Brenda Dickson, Harry Fischler, Nat Grant, Richard Higgs, Beau Kayser, Vic Magnotta, Robert Maroff, Norman Matlock, Bill Minkin, Murray Moston, Harry Northup, Gene Palma, Carey Poe, Robin Utt, Robert Shields, Ralph Singleton, Joe Spinell, Maria Turner. *Länge:* 114 Minuten. *Format:* 35 mm, Farbe (Metrocolor). *Drehzeit/-ort:* 9. Juni bis August 1975, New York City. *Uraufführung:* 7. Februar 1976. *Deutsche Erstaufführung:* 7. Oktober 1976. *Videovertrieb:* Columbia TriStar Video.

10) **BUGSY MALONE** (Bugsy Malone)
Großbritannien 1975/76
Regie und Buch: Alan Parker. *Kamera:* Michael Seresin, Peter Biziou. *Musik:* Paul Williams. *Songs:* Bugsy Malone/Speakeasy/Tomorrow/We're the Very Best at Being Bad/I'm Feeling Fine/My Name's Tallulah/So You Want to be a Boxer?/I Shouldn't Cry But I Do/Down and Out/You Give a Little Love (Musik und Texte: Paul Williams). *Produktionsdesign:* Geoffrey Kirkland. *Schnitt:* Gerry Hambling. *Ton:* Clive Winter. *Kostüme:* Monica Howe. *Choreographie:* Gillian Gregory. *Ausführender Produzent:* David Puttnam. *Produzent:* Alan Marshall. *Produktion:* Bugsy Malone Productions/National Film Finance Consortium/Goodtimes.
Darsteller: Scott Baio *(Bugsy Malone)*, Florrie Dugger *(Blousey Brown)*, JODIE FOSTER *(Tallulah)*, John Cassisi *(Fat Sam)*, Martin Lev *(Dandy Dan)*, Paul Murphy *(Leroy)*, Sheridan Russell *(Knuckles)*, Albin Jenkins *(Fizzy)*, Davidson Knight *(Cagey Joe)*, Paul Chirelstein *(Smolsky)*, Dexter Fletcher *(Baby Face)*, Paul Besterman *(Yonkers)*, Ron Melelu *(Doodle)*, Jorge Valdez *(Bronx Charlie)*, Michael Kirby *(Angelo)*, Donald Waugh *(Snake Eyes)*, Peter Holder *(Ritzy)*, John Lee *(Benny Lee)*, Jon Zebrowski *(Shoulders)*, Michael Jackson *(Razamataz)*, Andrew Paul *(O'Dreary)*, Helen Corran *(Bangles)*, Vivienne McKonne *(Velma)*, Jeffrey Stevens *(Louis)*.
Länge: 93 Minuten. *Format:* 35 mm, Farbe (Eastmancolor). *Drehzeit/-ort:* August 1975, Pinewood Studios, London. *Uraufführung:* 27. Mai

184

1976, Filmfestspiele Cannes. *Deutsche Erstaufführung:* 4. November 1976. *Videovertrieb:* Atlas Video.

11) **THE LITTLE GIRL WHO LIVES DOWN THE LANE** (Das Mädchen am Ende der Straße)
Kanada/Frankreich/USA 1975/76

Regie: Nicolas Gessner. *Buch:* Laird Koenig, Richard Lochte (nach dem Roman von Laird Koenig). *Kamera:* René Verzier. *Musik:* Christian Gaubert, Frédéric Chopin. *Musikalische Leitung:* Mort Shuman. *Ausstattung:* Robert Prévost. *Schnitt:* Yves Langlois. *Ausführende Produzenten:* Harold Greenberg, Alfred Pariser. *Koproduzenten:* Denis Héroux, Leland Nolan, Eugène Lépicier. *Produzent:* Zev Braun. *Produktion:* ICL Industries (Montréal)/Filmédis-Filmel (Paris), Zev Braun Productions (Los Angeles).

Darsteller: JODIE FOSTER *(Rynn Jacobs),* Martin Sheen *(Frank Hallet),* Alexis Smith *(Mrs. Hallet),* Mort Shuman *(Miglioriti),* Scott Jacoby *(Mario Podesta),* Dorothy Davis *(Rathaus- Angestellte),* Clesson Goodhue *(Bankdirektor),* Hubert Noel *(1. Bankangestellter),* Jacques Famery *(2. Bankangestellter),* Mary Morter *(1. Kassiererin),* Judie Wildman *(2. Kassiererin).*

Länge: 94 Minuten. *Format:* 35 mm, Farbe. *Drehzeit/-ort:* Winter 1975, Montréal/Kanada (Studio) und Umgebung, Küste von Maine/USA. *Uraufführung:* Mai 1976, Filmfestspiele Cannes. *Deutsche Erstaufführung:* 8. April 1977.

12) **FREAKY FRIDAY** (Ein ganz verrückter Freitag)
USA 1976/77

Regie: Gary Nelson. *Buch:* Mary Rodgers (nach ihrem Roman). *Kamera:* Charles F. Wheeler. *Musik:* Johnny Mandel. *Song:* I'd Like To Be You For A Day (Musik und Text: Al Kasha, Joel Hirschhorn). *Ausstattung:* John B. Mansbridge, Jack Senter. *Schnitt:* Cotton Warburton. *Ton:* Herb Taylor, Ron Ronconi. *Kostüme:* Chuck Keehne, Emily Sundby. *Koproduzent:* Tom Leetch. *Produzent:* Ron Miller. *Produktion:* Walt Disney Productions.

Darsteller: Barbara Harris *(Mrs. Andrews),* JODIE FOSTER *(Annabel Andrews),* John Astin *(Mr. Andrews),* Patsy Kelly *(Mrs. Schmauss),* Dick Van Patten *(Harold Jennings),* Vicki Schreck *(Virginia),* Sorrell Booke *(Mr. Dilk),* Alan Oppenheimer *(Mr. Joffert),* Kaye Ballard *(Trainerin Betsy),* Ruth Buzzi *(Trainerin der Gegnermannschaft),* Marc McClure *(Boris Harris),* Marie Windsor *(Mrs. Murphy),* Sparky Marcus *(Ben Andrews),* Ceil Cabot *(Miss McGuirk),* Brooke Mills *(Mrs. Gibbons),* Karen Smith *(Mary Kay Gilbert).*

Länge: 100 Minuten. *Format:* 35 mm, Farbe (Technicolor). *Drehzeit/ -ort:* April/Mai 1976, Los Angeles, San Diego. *Uraufführung:* Februar 1977. *Deutsche Erstaufführung:* 17. Mai 1979.

13) **CANDLESHOE** (Abenteuer auf Schloß Candleshoe)
USA 1976/77
Regie: Norman Tokar. *Buch:* David Swift, Rosemary Anne Sisson (nach dem Roman »Christmas at Candleshoe« von Michael Innes). *Kamera:* Paul Beeson. *Musik:* Ron Goodwin. *Ausstattung:* Albert Witherick. *Schnitt:* Peter Boita. *Ton:* Claude Hitchcock, Ken Barker. *Kostüme:* Julie Harris. *Koproduzent:* Hugh Attwooll. *Produzent:* Ron Miller. *Produktion:* Walt Disney Productions.
Darsteller: David Niven *(Priory),* Helen Hayes *(Lady Gwendolyn St. Edmund),* JODIE FOSTER *(Casey Brown),* Leo McKern *(Harry Bundage),* Vivian Pickles *(Clara Grimsworthy),* Veronica Quilligan *(Cluny),* Ian Sharrock *(Peter),* Sarah Tamakuni *(Anna),* David Samuels *(Bobby),* John Alderson *(Jenkins),* Mildred Shay *(Mrs. McCress),* Michael Balfour *(Mr. McCress),* Sydney Bromley *(Mr. Thresher),* Michael Segal *(Schaffner).*
Länge: 101 Minuten. *Format:* 35 mm, Farbe (Technicolor). *Drehzeit/ -ort:* Juli/August 1976, Los Angeles, Großbritannien (Compton Wynyates, Warwickshire). *Uraufführung:* Dezember 1977, London. *Deutsche Erstaufführung:* 23. März 1988 (Video). *Videovertrieb:* Buena Vista Video.

14) **CASOTTO** (Strandgeflüster)
Italien 1977
Regie: Sergio Citti. *Buch:* Vincenzo Cerami, Sergio Citti. *Kamera:* Tonino Delli Colli. *Musik:* Gianni Mazza. *Ausstattung:* Dante Ferretti. *Schnitt:* Nino Baragli. *Produzenten:* Mauro Bereradi, Gianfranco Piccioli. *Koproduzentin:* Cristiana Catanese. *Produktion:* Parva Cinematografica.
Darsteller: JODIE FOSTER *(Teresina),* Mariangela Melato *(Giulia),* Michele Placido *(Vincenzo),* Luigi Proietti *(Gigi),* Paolo Stoppa *(Großvater),* Ugo Tognazzi *(Cerquetti),* Franco Citti *(Nando),* Catherine Deneuve *(Traumfrau),* Clara Algranti *(Jole),* Flora Mastroianni *(Großmutter),* Carlo Croccolo *(Carlo),* McKenzie Bailey, Massimo Bonetti, Ninetto Davoli, Katy Marchand, Marco Marsili, Anna Melato, Gianni Rizzo, Julie Sebestyen, Gianrico Tondinelli.
Länge: 102 (deutsche Fassung: 92) Minuten. *Format:* 35 mm, Farbe (Technicolor). *Drehzeit/-ort:* März/April 1977, Rom.
Anmerkung: Der Film liegt in deutscher Synchronfassung vor, war bei uns jedoch bislang weder auf der Leinwand noch auf dem Bildschirm oder auf Video zu sehen.

186

15) **MOI, FLEUR BLEUE** (Fetzig, frei und endlich high/Stunde der Zärtlichkeit/Liebeserwachen)
Frankreich 1977

Regie: Eric Le Hung. *Buch:* Philippe Bourgoin (Dialoge: Philippe Bourgoin, Eric Le Hung). *Kamera:* Marcel Combes. *Musik:* François d'Aime. *Songs:* Fly/La Conga/When I Looked At Your Face (Musik: François d'Aime, Text: L. Bleecher, gesungen von Scherrie Payne), When I Looked At Your Face (Musik: François d'Aime, Text: L. Bleecher, gesungen von JODIE FOSTER). *Ausstattung:* Tony Roman. *Schnitt:* Christiane Lack. *Ton:* Alain Contrault. *Produzent:* Guy Belfond. *Produktion:* Axe Films/Megalo Films/Peri Productions/Productions Yanne/Victorine Studios.

Darsteller: JODIE FOSTER *(Isabelle Tristan, genannt Fleur Bleue)*, Jean Yanne *(Max)*, Sydne Rome *(Blé des Champs)*, Bernard Giraudeau *(Isidore)*, Odette Laure *(Olga)*, Lila Kedrova *(Marquise)*, Claude Gensac *(Direktorin)*, Henri Courseau *(Pierre)*, Jacqueline Jefford *(Lehrerin)*, Marthe Villalonga *(Mme. Passemard)*, Max Meynier *(Animateur)*, Claudia Nottale *(Violette)*, Zoé Chauveau.

Länge: 96 (deutsche Fassung: 86) Minuten. *Format:* 35 mm, Farbe (Gevacolor). *Drehzeit/-ort:* Sommer 1977, Paris. *Uraufführung:* Oktober 1977. *Deutsche Erstaufführung:* 21. Juni 1979. *Videovertrieb:* Scala/Joy.

Anmerkung: MOI, FLEUR BLEUE wurde gleichzeitig in einer französischen und in einer englischsprachigen Fassung gedreht. Der englische Titel lautet STOP CALLING ME BABY; die Hauptfiguren heißen dort – ebenso wie in der deutschen Synchronfassung – Rosebud (Foster), Sandy (Rome) und Sylvester (Giraudeau).

16) **FOXES** (Jeanies Clique)
USA 1978–1980

Regie: Adrian Lyne. *Buch:* Gerald Ayres. *Kamera:* Leon Bijou. *Musik:* Giorgio Moroder. *Song:* On the Radio (= Theme from Foxes; Musik: Giorgio Moroder, Text: Donna Summer, gesungen von Donna Summer). *Ausstattung:* Michel Levesque. *Schnitt:* Jim Coblentz. *Ton:* Kirk Francis. *Koproduzenten:* Geoffrey Kirkland, Michael Seresin, Joel Blasberg, Gerry Hambling. *Produzenten:* David Puttnam, Gerald Ayres. *Produktion:* Casablanca Record/Filmworks/United Artists.

Darsteller: JODIE FOSTER *(Jeanie)*, Cherie Currie *(Annie)*, Marilyn Kagan *(Madge)*, Kandice Stroh *(Deirdre)*, Scott Baio *(Brad)*, Sally Kellerman *(Mary)*, Randy Quaid *(Jay)*, Lois Smith *(Mrs. Axman)*, Adam Faith *(Bryan)*, Jon Sloan *(Loser)*, Jill Barrie Bogart *(Sissie)*, Wayne Storm *(Frank)*, Mary Margaret Lewis *(Gladys)*, Grant Wilson *(Greg)*, Fredric Lehne *(Bobby)*, Robert Romanus *(Scott)*, Roger Bowen *(Anwalt)*, Buddy

Disney-Göre: Jodie Foster in FREAKY FRIDAY *(oben, 2. v. r.) und in* CANDLESHOE, *ihrer letzten Walt-Disney-Produktion (unten, 2. v. r., mit Veronica Quilligan, Ian Sharrock, Sarah Tamakuni)*

Aus dem Kinderstar ist – trotz gleicher Bildmotive – eine erwachsene Schauspielerin geworden. Jodie Foster in FOXES *(oben, r., mit M. Kagan, K. Stroh) und in* THE HOTEL NEW HAMPSHIRE *(unten, r., mit P. McCrane, B. Bridges)*

Foster *(Junge im Auto)*, E. Lamont Johnson *(Detective)*, Mary Ellen O'Neill *(Mrs. Steiner)*, Ben Frank *(Daryl)*, Scott Garrett *(Jason)*, Laura Dern *(Debbie)*, Michael Taylor *(Terry)*, Gino Baffa *(Carter)*.
Länge: 106 Minuten. *Format:* 35 mm, Farbe (Technicolor). *Drehzeit/ -ort:* 1978, Los Angeles (San Fernando Valley). *Uraufführung:* Februar 1980. *Deutsche Erstaufführung:* 1. Juli 1985 (ARD).
Arbeitstitel: LADIES OF THE VALLEY.

17) **CARNY** (Jahrmarkt)
USA 1979/80
Regie: Robert Kaylor. *Buch:* Thomas Baum. *Story:* Phoebe Taylor, Robert Kaylor, Robbie Robertson. *Kamera:* Harry Stradling Jr. *Musik:* Alex North, Robbie Robertson. *Produktionsdesign:* William J. Cassidy. *Schnitt:* Stuart Pappé. *Ton:* Bill Kaplan. *Ausführender Produzent:* Jonathan T. Taplin. *Produzent:* Robbie Robertson. *Produktion:* Lorimar/United Artists.
Darsteller: Gary Busey *(Frankie Chapman)*, JODIE FOSTER *(Donna)*, Robbie Robertson *(Patch Beaudry)*, Meg Foster *(Gerta)*, Kenneth McMillan *(Heavy St. John)*, Elisha Cook *(On-Your-Mark)*, Tim Thomerson *(Doubles)*, Theodore Wilson *(Nails)*, John Lehne *(Skeet)*, Bill McKinney *(Marvin Dill)*, Bert Remsen *(Delno Baptiste)*, Woodrow Parfrey *(W.C. Hannon)*, Alan Braunstein *(Willie Mae)*, Tina Andrews *(Sugaree)*, Craig Wasson *(Mickey)*, Jordan Cael *(Flame)*, John 'Doc' Cassidy *(Harry the Hat)*, Margaret Jo Lee *(Pagan Knight)*, William Bartman *(Hi-Striker)*, Dani Dembrosky *(Skinny)*, Robert Doqui *(Jerry)*, George Emerson *(Harold, the Fat Man)*, Cathi Harrer *(Cheryl)*, Nancy Hazeltine *(Lesbe)*, Noelle Massina *(Noelle)*, Mary Siceloff *(Georgene)*, Trisha Tiedemann *(Trish)*, Fred Ward *(Jack)*.
Länge: 105 Minuten. *Format:* 35 mm, Farbe (Metrocolor). *Drehzeit/ -ort:* April/Mai 1979, Savannah/Georgia. *Uraufführung:* Juni 1980. *Deutsche Erstaufführung:* 19. Januar 1985 (WDR).

18) **O'HARA'S WIFE**
USA 1981/82
Regie: William S. Bartman. *Buch:* James Nasella, William S. Bartman. *Story:* William S. Bartman, Joseph Scott Kierland. *Kamera:* Harry Stradling. *Musik:* Artie Butler. *Songtext:* Molly-Ann Leikin. *Bauten:* Robert Zentis. *Ausstattung:* Chuck Rutherford, Pamela Bennett. *Schnitt:* George Berndt, James A. Bogardt. *Ton:* Ken King. *Kostüme:* Madeline Ann Graneto. *Ausführender Produzent:* Michael Timothy Murphy. *Produzenten:* Peter S. Davis, William N. Panzer. *Produktion:* Davis/Panzer Productions.

190

Darsteller: Edward Asner *(Bob O'Hara),* Mariette Hartley *(Harry O'Hara),* JODIE FOSTER *(Barbara O'Hara),* Perry Lang *(Rob O'Hara),* Tom Bosley *(Fred O'Hara),* Ray Walston *(Walter Tatum),* Allen Williams *(Billy Tatum),* Mary Jo Catlett *(Gloria),* Nelson Welch *(Nelson Attleby),* Richard Schaal *(Jerry Brad),* Nehemiah Persoff *(Dr. Fischer),* Kelly Bishop *(Beth Douglas),* Eric Kilpatrick *(Polizeibeamter),* Juanita Moore.
Länge: 87 Minuten. *Format:* 35 mm, Farbe (DeLuxe Color). *Drehzeit/ -ort:* Mai/Juni 1981, Los Angeles. *Uraufführung:* Dezember 1982.

19) **SVENGALI** (TV) (Obsession – Die dunkle Seite des Ruhms)
USA 1982/83
Regie: Anthony Harvey. *Buch:* Frank Cucci. *Story:* Sue Grafton. *Kamera:* Larry Pizer. *Musik:* John Barry. *Songs:* One Dream At A Time/Getting Some Feeling Back In My Heart/I Never Lost A Lover Yet (Musik: John Barry, Text: Don Black, gesungen von JODIE FOSTER). *Ausstattung:* Charles Bennett. *Schnitt:* Norman Gay. *Produktionsleitung:* A. Kitman Ho. *Produzent:* Robert Halmi Sr. *Koproduzent:* Robert Halmi Jr. *Produktion:* Robert Halmi Productions/CBS.
Darsteller: Peter O'Toole *(Anton Bosnyak),* JODIE FOSTER *(Zoe Alexander),* Elizabeth Ashley *(Eve Swiss),* Larry Joshua *(Johnny Rainbow),* Pamela Blair *(Trish),* Barbara Bryne *(Mrs. Burns-Rizzo),* Ronald Weyand *(Hypnotiseur),* Robin Thomas *(Mendy Weidenbaum),* Brian Carney *(Abbot Renfrew),* Madeline Potter *(Antonia),* Holly Hunter *(Leslie),* Vera Mayer *(Gizella),* Paul O'Keefe *(Oliver),* Stu Charno *(Boomer),* Peter Boruchowitz *(Chris),* Skunkadelique *(Footlockers),* Ed Vadas *(Emcee),* Dick Turnail *(Mann von A&R),* David A. Brooks *(Norvid),* Jacques Perreault *(Lance).*
Länge: 100 Minuten. *Format:* 35 mm, Farbe (Movielab). *Drehzeit:* 1982. *Erstausstrahlung:* 9. März 1983. *Deutsche Erstaufführung:* 13. August 1990 (Video). *Videovertrieb:* Fox Video.

20) **THE HOTEL NEW HAMPSHIRE** (Hotel New Hampshire)
USA 1983/84
Regie: Tony Richardson. *Buch:* Tony Richardson (nach dem Roman von John Irving). *Kamera:* David Watkin. *Musik:* Jacques Offenbach (adaptiert, arrangiert und dirigiert von Raymond Leppard). *Produktionsdesign und Kostüme:* Jocelyn Herbert. *Ausstattungsassistenz:* Jon Hutman. *Schnitt:* Robert K. Lambert. *Ton:* Patrick Rousseau. *Ausführende Produzenten:* George Yaneff, Kent Walwin, Grahame Jennings. *Koproduzent:* Jim Beach. *Produzenten:* Neil Hartley. *Produktion:* Woodfall/Yellow Bill/Producers' Circle/Orion.

Darsteller: JODIE FOSTER *(Franny Berry),* Beau Bridges *(Win Berry),* Rob Lowe *(John Berry),* Nastassja Kinski *(Susie der Bär),* Wilford Brimley *(Iowa Bob),* Paul McCrane *(Frank Berry),* Jennifer Dundas *(Lilly Berry),* Wallace Shawn *(Freud),* Lisa Banes *(Mary Berry),* Amanda Plummer *(Frl. Fehlgeburt),* Anita Morris *(Rhonda Ray),* Dorsey Wright *(Junior Jones),* Matthew Modine *(Chipper Dove/Ernst),* Seth Green *(Egg),* Jonelle Allen *(Sabrina),* Jean- Louis Roux *(Billig),* Cali Timmins *(Bitty Tuck),* Richard Jutras *(Lenny Metz),* Johnny O'Neil *(Chester Pulaski),* Charles Fournier *(Howard Tuck),* Robert Thomas *(Harold Swallow),* Gayle Garfinkle *(Doris Wales/Annie),* Roger Blay *(Arbeiter),* Timothy Webber *(Wrench),* Janine Manatis *(Schwanger),* Sharon Noble *(Babette),* Lorena Gale *(dunkle Inge),* Jade D. Bari *(Jolanta),* Jon Hutman *(1. Reporter),* Joely Richardson *(Kellnerin).*
Länge: 110 Minuten. *Format:* 35 mm, Farbe (DeLuxe Color). *Drehzeit/ -ort:* Mai/Juni 1983, Kanada (Montréal, Québec, Hotel Tadoussac). *Uraufführung:* 9. März 1984. *Deutsche Erstaufführung:* 22. Februar 1985.

21) **THE BLOOD OF OTHERS / LE SANG DES AUTRES**
Frankreich/Kanada 1983/84

Regie: Claude Chabrol. *Buch:* Brian Moore (nach dem Roman von Simone de Beauvoir). *Kamera:* Richard Ciupka. *Musik:* François Dompierre, Matthieu Chabrol. *Produktionsdesign:* François Comtet. *Ausstattung:* Pierre Lefait. *Schnitt:* Monique Fardoulis, Yves Langlois. *Ton:* Patrick Rousseau, Jean-Bernard Thomasson. *Produzenten:* Denis Héroux, John Kemeny. *Produktion:* Ciné-Simone (Montréal)/Filmax (Paris)/Antenne 2/Films A2/Superchannel/CTV Television Network/Telefilm Canada.
Darsteller: JODIE FOSTER *(Hélène),* Michael Ontkean *(Jean Blomart),* Sam Neill *(Bergmann),* Lambert Wilson *(Paul),* Stéphane Audran *(Gigi Grandjovan),* Alexandra Stewart *(Madeleine),* Jean-François Balmer *(Arnaud),* John Vernon *(General von Loenig),* Marie Bunel *(Yvonne Kotz),* Roger Mirmont *(Marcel),* Christine Laurent *(Denise),* Kate Reid *(Madame Blomart),* Jean-Pierre Aumont *(Monsieur Blomart),* Monique Mercure *(Madame Kotz),* Michel Robin *(Raoul),* Micheline Presle *(Madame Monge),* Renaud Verley *(Dr. Duval),* Georges Bruce *(Adjutant),* Marcel Guy *(Dr. Lenfant),* André Chaumeau *(SS-General Classen),* Alain Doutey *(Leclerc),* Patrick Delaumeux *(Mathieu),* Germaine Delbat *(Marie),* Katia Romanoff, Jean Champion, Samuel Fuller, Christa Lang, Didier Sauvegrain, Dominique Zardi, Georges Claisse, Louise Chevalier.
Länge: 130 Minuten (Kino), 270 Minuten (englische Videofassung), 6 x 55 Minuten (TV). *Format:* 35 mm, Farbe. *Drehzeit/-ort:* August bis

Dezember 1983, Frankreich (Paris und Umgebung), Belgien. *Uraufführung:* 2. Mai 1984 (Paris).
Anmerkung: Der Film wurde gleichzeitig in einer englisch- und einer französischsprachigen Fassung gedreht.

22) **MESMERIZED**
Neuseeland/Australien/Großbritannien 1984–86

Regie: Michael Laughlin. *Buch:* Michael Laughlin (nach einem Originalstoff von Jerzy Skolimowski). *Kamera:* Louis Horvath. *Musik:* Georges Delerue. *Visuelle Beratung:* Susanna Moore. *Ausstattung:* John Wingrove. *Schnitt:* Petra von Oelffen. *Ton:* Tim Lloyd. *Kostüme:* Patricia Norris. *Ausführende Produzenten:* Mark Seiler, Christopher Kirkham. *Koproduzentin:* JODIE FOSTER. *Associate Producers:* Howard Grigsby, Richard Moore. *Produzent:* Antony I. Ginnane. *Produktion:* Orinward Limited (London)/Camperdown N.V./RKO-Challenge.

Darsteller: JODIE FOSTER *(Victoria),* John Lithgow *(Oliver Thompson),* Michael Murphy *(Reverend Wilson),* Dan Shor *(George Thompson),* Harry Andrews *(der alte Thompson),* Philip Holder *(Dr. Finch),* Beryl Te Wiata *(Mrs. Simmons),* Reg Evans *(Mr. Simmons),* Jonathan Hardy *(Burley),* Don Selwyn *(Joseph),* Derek Hardwick *(Longwood),* George Spoors *(Anwalt),* Bob Gould *(Richter),* Jonathan Elsom *(Staatsanwalt).*
Länge: 97 Minuten. *Format:* 35 mm (Panavision), Farbe (Eastmancolor). *Drehzeit/-ort:* 1984, Neuseeland (u. a. im Walmate Mission House). *Erstaufführung:* Oktober 1986, Australien (Video).
Alternativer Titel: SHOCKED.

23) **SIESTA (Siesta)**
USA 1986/87

Regie: Mary Lambert. *Buch:* Patricia Louisianna Knop (nach dem Roman von Patrice Chaplin). *Kamera:* Bryan Loftus. *Musik:* Marcus Miller, Miles Davis. *Produktionsdesign:* John Beard. *Ausstattung (USA):* Jon Hutman. *Schnitt:* Glenn A. Morgan. *Ton:* John Brasher, Roberta Doheny. *Kostüme:* Marlene Stewart. *Ausführende Produzenten:* Julio Caro, Zalman King, Nik Powell. *Koproduzent:* Chris Brown. *Produzent:* Gary Kurfirst. *Produktion:* Siren/Palace/Kurfirst/King.

Darsteller: Ellen Barkin *(Claire),* Gabriel Byrne *(Augustine),* Julian Sands *(Kit),* Isabella Rossellini *(Marie),* Martin Sheen *(Del),* Alexi Sayle *(Taxifahrer),* Grace Jones *(Conchita),* JODIE FOSTER *(Nancy),* Anastassia Stakis *(Desdra),* Gary Cady *(Roger),* Graham Fletcher Cook *(Gary),* Santiago Alvarez *(Arturo),* Daniel Martin, Fabian Conde.
Länge: 97 Minuten. *Format:* 35 mm, Farbe. *Drehzeit/-ort:* August/September 1986, Spanien (Studio: Estudios Roma, Madrid). *Uraufführung:*

November 1987. *Deutsche Erstaufführung:* 1. September 1988. *Verleih:* Concorde. *Videovertrieb:* VCL.

24) **FIVE CORNERS** (Five Corners/Pinguine in der Bronx)
USA 1986/87
Regie: Tony Bill. *Buch:* John Patrick Shanley. *Kamera:* Fred Murphy. *Musik:* James Newton Howard. *Produktionsdesign:* Adrianne Lobel. *Schnitt:* Andy Blumenthal. *Ton:* Bill Daly. *Kostüme:* Peggy Farrell. *Ausführende Produzenten:* George Harrison, Denis O'Brien. *Koproduzenten:* Michael McDonnell, John Patrick Shanley. *Produzenten:* Forrest Murray, Tony Bill. *Produktion:* Handmade Films.
Darsteller: JODIE FOSTER *(Linda),* Tim Robbins *(Harry),* Todd Graff *(James),* John Turturro *(Heinz),* Elizabeth Berridge *(Melanie),* Rose Gregorio *(Mrs. Sabantino),* Gregory Rozakis *(Mazola),* John Seitz *(Sullivan),* Kathleen Chalfant *(Mrs. Fitzgerald),* Rodney Harvey *(Castro),* Cathryn de Prume *(Brita),* Carl Capotorto *(Sal),* Daniel Jenkins *(Willie),* Michael R. Howard *(Murray),* Pierre Epstein *(George),* Jery Hewitt *(Mr. Glascow),* Kit LeFever *(Esther),* Eriq LaSalle *(Samuel Kemp),* Ray Aranha *(Arthur),* Frances Foster, David Brisbin, Mary Small, Campbell Scott.
Länge: 92 Minuten. *Format:* 35 mm, Farbe (Technicolor). *Drehzeit/-ort:* 3. September bis Ende Oktober 1986, New York (Queens, Manhattan). *US-Start:* Januar 1988. *Deutsche Erstaufführung:* 17. September 1987. *Verleih:* Filmwelt. *Videovertrieb:* VMP.

25) **THE ACCUSED** (Angeklagt)
USA 1987/88
Regie: Jonathan Kaplan. *Buch:* Tom Topor (ungenannt: Joan Tewkesbury). *Kamera:* Ralf D. Bode. *Musik:* Brad Fiedel. *Song:* I'm Talking Love (Musik: Brad Fiedel, Text: Ross Levinson, gesungen von Vanessa Anderson). *Produktionsdesign:* Richard Kent Wilcox, Mel Bourne (Beratung). *Schnitt:* Jerry Greenberg, O. Nicholas Brown. *Kostüme:* Trish Keating. *Koproduzent:* Jack Roe. *Produzenten:* Stanley R. Jaffe, Sherry Lansing. *Produktion:* Jaffe-Lansing/Paramount.
Darsteller: Kelly McGillis *(Katheryn Murphy),* JODIE FOSTER *(Sarah Tobias),* Bernie Coulson *(Ken Joyce),* Leo Rossi *(Cliff 'Scorpion' Albrecht),* Ann Hearn *(Sally Fraser),* Carmen Argenziano *(Staatsanwalt Paul Rudolph),* Steve Antin *(Bob Joiner),* Tom O'Brien *(Larry),* Peter Van Norden *(Anwalt Paulsen),* Terry David Mulligan *(Lt. Duncan),* Woody Brown *(Danny),* Scott Paulin *(Anwalt Wainwright),* Kim Kondrashoff *(Kurt),* Stephen E. Miller *(Polito),* Tom Heaton *(Barkeeper Jesse),* Andrew Kavadas *(Angeklagter Matt Haines),* Tom McBeath

(Angeklagter Stu Holloway), Rose Weaver *(Krankenschwester)*, Allan Lysell *(Assistant D.A. Massi)*
Länge: 110 Minuten. *Format:* 35 mm, Farbe. *Drehzeit/-ort:* April bis Juni 1987, Vancouver/Kanada. *Uraufführung:* Oktober 1988. *Deutsche Erstaufführung:* 13. Februar 1989, Filmfestspiele Berlin. *Deutscher Kinostart:* 23. Februar 1989. *Verleih:* UIP. *Videovertrieb:* CIC Video. *Arbeitstitel:* RECKLESS ENDANGERMENT (= Fahrlässige Körperverletzung).

26) **STEALING HOME** (Katies Sehnsucht)
USA 1987/88
Regie und Buch: Steven Kampmann, Will Aldis. *Kamera:* Bobby Byrne. *Musik:* David Foster. *Produktionsdesign:* Vaughan Edwards. *Schnitt:* Antony Gibbs. *Kostüme:* Robert de Mora. *Koproduzentin:* Chana Ben-Dov. *Produzenten:* Thom Mount, Hank Moonjean. *Produktion:* Mount Company/Colony Films III/Warner Bros.
Darsteller: Mark Harmon *(Billy Wyatt)*, Blair Brown *(Ginny Wyatt)*, Jonathan Silverman *(Alan Appleby als Teenager)*, Harold Ramis *(Alan Appleby)*, William McNamara *(Billy Wyatt als Teenager)*, Richard Jenkins *(Hank Chandler)*, John Shea *(Sam Wyatt)*, JODIE FOSTER *(Katie Chandler)*, Christine Jones *(Grace Chandler)*, Helen Hunt *(Hope Wyatt als Erwachsene)*, Beth Broderick *(Lesley)*, Jane Brucker *(Sheryl)*, Ted Ross *(Bud Scott)*, Thacher Goodwin *(Billy Wyatt als Kind)*, Yvette Croskey *(Robin Parks als Teenager)*, Ollie Davidson *(Robin Parks)*, Judith Kahan *(Laura Appleby)*, Samuel Chew Jr. *(Nathan Appleby)*, Miriam Flynn *(Mrs. Parks)*, Dani Janssen *(Nutte)*, Allison Hedges *(Robins Tochter)*, Peter Bucossi *(Frank)*, Katie Kampmann *(Baby Hope)*.
Länge: 98 Minuten. *Format:* 35 mm, Farbe (Technicolor), Dolby Stereo. *Drehzeit/-ort:* August/September 1987, Phildadelphia/Pa., Island Beach State Park/N.J., Camden/N.J., Springfield Township (Montgomery County)/Pa., San Bernardino/Ca. *Uraufführung:* August 1988. *Deutsche Erstaufführung:* 21. Juli 1989 (Video). *Videovertrieb:* Warner Home Video.

27) **BACKTRACK**
USA 1988–91
Regie: Dennis Hopper. *Buch:* Rachel Kronstadt Mann, Ann Louise Bardach (ungenannt: Stephen Cotler, Lanny Cotler, Alex Cox, Tod Davies). *Story:* Rachel Kronstadt Mann. *Kamera:* Ed Lachman. *Musik:* Michel Colombier. *Produktionsdesign:* Ron Foreman. *Anne Bentons Kunstwerke:* Jenny Holzer. *Schnitt:* Wende Pheiffer Mate. *Ton:* James Tanenbaum. Kostüme: Nancy Cone. *Ausführende Produzenten:* Steven Reuther, Mitchell Cannold. *Koproduzentin:* Lisa Demberg. *Produzen-*

ten: Dick Clark, Dan Paulson. *Produktion:* Vestron/Precision Films/ Mack-Taylor Productions.

Darsteller: Dennis Hopper *(Milo)*, JODIE FOSTER *(Anne Benton)*, Dean Stockwell *(John Luponi)*, Vincent Price *(Lino Avoca)*, John Turturro *(Pinella)*, Joe Pesci *(Leo Carelli)*, Fred Ward *(Pauling)*, Charlie Sheen *(Bob)*, G. Anthony Sirico *(Greek)*, Julie Adams *(Martha)*, Sy Richardson *(Captain Walker)*, Frank Gio *(Frankie)*, Helena Kalianiotes *(Grace Carelli)*, Bob Dylan *(Künstler)*, Alex Cox *(D.H. Lawrence)*, Satya de la Manitou *(Car Thug)*, Sarina Grant *(Nutte)*, Catherine Keener *(Trucker-Freundin)*, Lauren Lloyd *(Margaret Mason)*, Anthony Peña *(Sheriff in Taos)*.

Länge: 102 Minuten. *Format:* 35 mm, Farbe. *Drehzeit/-ort:* Mai/Juni 1988, Los Angeles, Taos/New Mexico, Seattle. *Erstaufführung:* 14. Dezember 1991 *(Showtime TV)*.

Anmerkung: BACKTRACK wurde von der Produktionsfirma Vestron ohne Dennis Hoppers Einverständnis gekürzt und umgeschnitten und unter dem Titel CATCHFIRE in Europa ins Kino gebracht. Hopper zog von dieser verstümmelten Version seinen Namen zurück. Die von BACKTRACK abweichenden Credits und Daten zu CATCHFIRE: *Regie:* Alan Smithee; *Musik:* Curt Sobel; *Schnitt:* David Rawlins; *Länge:* 99 Minuten; *Uraufführung:* November 1990 (London Film Festival); *Deutsche Erstaufführung:* 21. November 1991 (Video); *Videovertrieb:* Concorde Video. Der US-Kabelkanal Showtime ermöglichte es Hopper, seine ursprüngliche Schnittfassung, die nie ins Kino kam, für eine Fernsehausstrahlung wiederherzustellen.

28) **THE SILENCE OF THE LAMBS** (Das Schweigen der Lämmer) USA 1989–91

Regie: Jonathan Demme. *Buch:* Ted Tally (nach dem Roman von Thomas Harris). *Kamera:* Tak Fujimoto. *Musik:* Howard Shore. *Produktionsdesign:* Kristi Zea. *Schnitt:* Craig McKay. *Ton:* Christopher Newman. Kostüme: Colleen Atwood. *Ausführender Produzent:* Gary Goetzman. *Produzenten:* Edward Saxon, Kenneth Utt, Ron Bozman. *Koproduzentin:* Grace Blake. *Produktion:* Strong Heart-Demme/Orion.

Darsteller: JODIE FOSTER *(Clarice Starling)*, Anthony Hopkins *(Dr. Hannibal Lecter)*, Scott Glenn *(Jack Crawford)*, Ted Levine *(Jame Gumb)*, Anthony Heald *(Dr. Frederick Chilton)*, Brooke Smith *(Catherine Martin)*, Diane Baker *(Senatorin Ruth Martin)*, Kasi Lemmons *(Ardelia Mapp)*, Charles Napier *(Lt. Boyle)*, Tracey Walter *(Lamar)*, Roger Corman *(FBI-Chef Hayden Burke)*, Ron Vawter *(Paul Krendler)*, Danny Darst *(Sgt. Tate)*, Frankie Faison *(Barney)*, Paul Lazar *(Pilcher)*, Dan Butler *(Roden)*, Chris Isaak *(SWAT-Kommandant)*, Pat McNamara *(Sheriff Perkins)*, Alex Coleman *(Sgt. Pembry)*, Harry

Northup *(Mr. Bimmel),* Stuart Rudin *(Miggs),* Leib Lensky *(Mr. Lang),* Bill Miller *(Mr. Brigham),* Chuck Aber *(Special Agent Terry),* Gene Borkan *(Oscar),* Kenneth Utt *(Dr. Akin),* Lauren Roselli *(Stacy Hubka),* Jeffrie Lane *(Clarices Vater),* Masha Skorobogatov *(Clarice als Kind).*

Länge: 118 Minuten. *Format:* 35 mm, Farbe (Technicolor), SR Dolby Stereo. *Drehzeit/-ort:* November 1989 bis März 1990, Pittsburgh/Pennsylvania. *Uraufführung:* 14. Februar 1991. *Deutsche Erstaufführung:* 23. Februar 1991, Filmfestspiele Berlin. *Deutscher Kinostart:* 11. April 1991. *Verleih:* Columbia TriStar. *Videovertrieb:* Columbia TriStar Video.

29) **LITTLE MAN TATE** (Das Wunderkind Tate)
USA 1990/91

Regie: JODIE FOSTER. *Buch:* Scott Frank. *Kamera:* Mike Southon. *Musik:* Mark Isham. *Produktionsdesign:* Jon Hutman. *Bauten:* Adam Lustig. *Ausstattung:* Sam Schaffer. *Schnitt:* Lynzee Klingman. *Ton:* Douglas Axtell. Kostüme: Susan Lyall. *Maske:* Julie Hewett. *Frisuren:* Bonnie Clevering. *Licht:* Jack English. *Bühne:* Pat Dailey. *Casting:* Avy Kaufman, Lina Todd. *Regieassistenz:* Mike Tapoozian, Greg Jacobs. *Regie 2. Stab:* Peggy Rajski. *Script:* Mary Cybulski. *Jodie Fosters Assistentin:* Sharon Fitzgerald. *Kameraführung:* Martin Schaer. *Kameraassistenz:* Henry Cline, Amy Vincent. *Kamera 2. Stab:* Tony Janelli. *Innenrequisite:* Nancy Gilmore. *Schnittassistenz:* John Ganem, Dan Schalk, Kimberly Nolan. *Tonassistenz:* Robert Maxfield. *Standfotos:* Suzanne Hanover-Fowler. *Stuntkoordination:* Christine Baur. *Aufnahmeleitung:* Michael Williams. *Produktionsleitung:* Lisa Bradley. *Herstellungsleitung:* Carol Cuddy. *Ausführender Produzent:* Randy Stone. *Produzenten:* Scott Rudin, Peggy Rajski. *Produktion:* Rudin-Rajski/Orion.

Darsteller: JODIE FOSTER *(Dede Tate),* Dianne Wiest *(Jane Grierson),* Adam Hann-Byrd *(Fred Tate),* Harry Connick Jr. *(Eddie),* David Pierce *(Garth),* Debi Mazar *(Gina),* Josh Mostel *(Physiklehrer),* P. J. Ochlan *(Damon Wells),* Celia Weston *(Miss Nimvel),* Danitra Vance *(Ärztin),* Bob Balaban *(Aufgabensteller),* Alex Lee *(Fred, zwei Jahre alt),* Michael Shulman *(Matt Montini),* George Plimpton *(Winston F. Buckner),* John Bell *(Joey X),* Ishe Costa *(Cherry Reynolds),* Chucky Ocampo *(Bob Yee),* Mark Lienhart *(Fenton),* Lauren Ashley Stacey *(Valerie),* Adam Midkiff *(Evan),* Nathan Lee, Richard Fredette, Jennifer Trier, Richard Hanson, Mar Ya Zuke, Michael Mantell, Erica Staton, Michael Keavey, Carolyn Lawrence, George Kaufman, Gordon Greene, Barry J. Williams, Alexandra Auder, Sam Womelsdorf, Ellen McElduff, Sheadrick Richards, Elizabeth Frietsch.

Länge: 99 Minuten. *Format:* 35 mm, Farbe. *Drehzeit/-ort:* Juli/August 1990, Cincinnati/Ohio, Newport/Kentucky. *Uraufführung:* 31. August 1991 (Filmfestival Telluride/Colorado). *Deutsche Erstaufführung:* 6. Februar 1992. *Verleih:* Columbia TriStar. *Videovertrieb:* Columbia TriStar Video.

30) **SHADOWS AND FOG** (Schatten und Nebel)
USA 1991/92

Regie und Buch: Woody Allen. *Kamera:* Carlo Di Palma. *Musik:* Kurt Weill, Jack Hylton Orchestra. *Produktionsdesign:* Santo Loquasto. *Schnitt:* Susan E. Morse. *Ton:* James Sabat. *Kostüme:* Jeffrey Kurland. *Ausführende Produzenten:* Jack Rollins, Charles H. Joffe. *Produzent:* Robert Greenhut. *Koproduzenten:* Helen Robin, Joseph Hartwick, Thomas Reilly. *Produktion:* Rollins-Joffe/Orion.

Darsteller: Woody Allen *(Kleinman),* Kathy Bates *(3. Dirne),* John Cusack *(Student Jack),* Mia Farrow *(Irmy),* JODIE FOSTER *(2. Dirne),* Fred Gwynne *(Hackers Anhänger),* Julie Kavner *(Alma),* Madonna *(Marie),* John Malkovich *(Clown),* Kenneth Mars *(Magier),* Kate Nelligan *(Eve),* Donald Pleasance *(Arzt),* Lily Tomlin *(1. Dirne),* Philip Bosco *(Mr. Paulsen),* Robert Joy *(Spiros Assistent),* Wallace Shawn *(Simon),* Kurtwood Smith *(Vogels Anhänger),* Josef Sommer *(Priester),* David Ogden Stiers *(Hacker).*

Länge: 85 Minuten. *Format:* 35 mm, Schwarzweiß. *Drehzeit/-ort:* 19. November 1990 bis Februar 1991, Kaufman Astoria Studios, New York. *Uraufführung:* 15. Februar 1992, Filmfestspiele Berlin. *Deutscher Kinostart:* 27. Februar 1992. *Verleih:* Columbia TriStar.

31) **SOMMERSBY** (Sommersby)
USA 1992/93

Regie: Jon Amiel. *Buch:* Nicholas Meyer, Sarah Kernochan (ungenannt: Charlie Mitchell). *Story:* Nicholas Meyer, Anthony Shaffer (nach dem Film LE RETOUR DE MARTIN GUERRE, Drehbuch: Daniel Vigne und Jean-Claude Carrière). *Kamera:* Philippe Rousselot. *Musik:* Danny Elfman. *Produktionsdesign:* Bruno Rubeo. *Schnitt:* Peter Boyle. *Ton:* Christopher Newman. *Kostüme:* Marilyn Vance-Straker. *Jodie Fosters Assistentin:* Patty LaMagna. *Ausführende Produzenten:* Richard Gere, Maggie Wilde. *Koproduzentin:* Mary McLaglen. *Produzenten:* Arnon Milchan, Steven Reuther. *Produktion:* Le Studio Canal+/Regency Enterprises/Alcor Films/Warner Bros.

Darsteller: Richard Gere *(Jack Sommersby),* JODIE FOSTER *(Laurel Sommersby),* Bill Pullman *(Orin Meecham),* James Earl Jones *(Richter Isaacs),* William Windom *(Reverend Powell),* Maury Chaykin *(Anwalt*

198

Dawson), Ray McKinnon *(Anwalt Webb)*, Lanny Flaherty *(Buck)*, Wendell Wellman *(Travis)*, Brett Kelley *(Little Rob)*, Clarice Taylor *(Esther)*, Frankie Faison *(Joseph)*, R. Lee Ermey *(Dick Mead)*, Richard Hamilton *(Doc Evans)*, Karen Kirschenbauer *(Mrs. Evans)*, Carter McNeese *(Ladenbesitzer Wilson)*, Dean Whitworth *(Tom Clemmons)*, Stan Kelly *(John Green)*, Stephanie Weaver *(Mrs. Bundy)*, Paul Austin *(Folsom)*, Richard Lineback *(Timothy Fry)*.

Länge: 109 Minuten. *Format:* 35 mm *(Panavision)*, Farbe. *Drehzeit/ -ort:* April/Mai 1992, Hidden Valley (George Washington National Forest)/Virginia, Lexington/Virginia, Charlotte Court House/Virginia. *Uraufführung:* 5. Februar 1993. *Deutsche Erstaufführung:* 18. März 1993. *Verleih:* Warner Bros.

b) TV-Serien, -Episoden, -Kurzfilme und -Specials

MAYBERRRY R.F.D.: (Episode unbetitelt)
Creator: Bob Ross. *Ausführende Produzenten:* Richard O. Linke, Andy Griffith. *Produktion:* CBS/Paramount/RFD.
Darsteller: Ken Berry *(Sam Jones)*, Buddy Foster *(Mike Jones, sein Sohn)*, Arlene Golonka *(Millie Swanson, Sams Freundin)*, Frances Bavier *(Bee Taylor, Sams Haushälterin)*, JODIE FOSTER.
Länge: 25 Minuten. *Erstausstrahlung:* 19. Mai 1969.
Eine von 76 Episoden einer Komödienserie (hervorgegangen aus THE ANDY GRIFFITH SHOW) um Freud und Leid von Sam Jones, seines Zeichens Farmer und Gemeinderatsmitglied in in Mayberry, North Carolina. Jodie Fosters Bruder Buddy war in allen Folgen als Sams halbwüchsiger Sohn Mike zu sehen.

THE COURTSHIP OF EDDIE'S FATHER (Eddies Vater): **BULLY FOR YOU**
Musik: George Aliceson Tipton. *Titellied »Best Friend«:* Nilsson. *Ausführender Produzent:* James Komack. *Produzent:* Ralph Riskin. *Produktion:* ABC/MGM.
Darsteller: Bill Bixby *(Tom Corbett, Verleger)*, Brandon Cruz *(Eddie Corbett, Toms Sohn)*, Miyoshi Umeki *(Mrs. Livingston, Haushälterin)*, Tippi Hedren *(Cissy Drummond, Redakteurin)*, James Komack *(Norman Tinker, Art Director)*, JODIE FOSTER *(Joey Kelley, Eddies Freundin)*.
Länge: 25 Minuten. *Erstausstrahlung:* 5. November 1969.

GUNSMOKE (Rauchende Colts): **ROOTS OF FEAR** *(Bankkrach in Dodge City)*
Regie: Philip Leacock.
Produktion: CBS.

Darsteller: James Arness *(Marshal Matt Dillon),* Milburn Stone *(Doc Adams),* Amanda Blake *(Kitty Russell),* Ken Curtis *(Festus Haggen),* JODIE FOSTER (Susan Sadler).
Länge: 45 Minuten. *Erstausstrahlung:* 15. Dezember 1969. *Deutsche Erstausstrahlung:* 11. Dezember 1977 (ZDF).

JULIA (Julia): ROMEO AND JULIA
Ausführender Produzent/Creator: Hal Kanter. *Produktion:* NBC/Savannah/Hanncar/TCF.
Darsteller: Diahann Carroll *(Julia Baker),* Lloyd Nolan *(Dr. Morton Chegley),* JODIE FOSTER.
Länge: 25 Minuten. *Erstausstrahlung:* 18. Dezember 1969.

NANNY AND THE PROFESSOR (Nanny und der Professor): THE SCIENTIFIC APPROACH
Creator: A. J. Carothers. *Ausführender Produzent:* David Gerber. *Produktion:* ABC/TCF.
Darsteller: Juliet Mills *(Nanny),* Richard Long *(Harold Everett),* JODIE FOSTER.
Länge: 25 Minuten. *Erstausstrahlung:* 2. März 1970.

DANIEL BOONE: BRINGING UP JOSH
Ausführender Produzent: Aaron Rosenberg. *Produktion:* NBC/Arcola/Felspar/TCF.
Darsteller: Fess Parker *(Daniel Boone),* JODIE FOSTER.
Länge: 45 Minuten. *Erstausstrahlung:* 16. April 1970.

DANIEL BOONE: ISRAEL AND LOVE
Ausführender Produzent: Aaron Rosenberg. *Produktion:* NBC/Arcola/Felspar/TCF.
Darsteller: Fess Parker *(Daniel Boone),* JODIE FOSTER.
Länge: 45 Minuten. *Erstausstrahlung:* 7. Mai 1970.

THE COURTSHIP OF EDDIE'S FATHER (Eddies Vater): A LOAF OF BREAD, A BAR OF SOAP, AND A JUG OF PEANUT BUTTER
Stab und Besetzung: s. Episode BULLY FOR YOU.
Länge: 25 Minuten. *Erstausstrahlung:* 30. September 1970.

MAYBERRY R.F.D.: (Episode unbetitelt)
Stab und Besetzung: s.o.
Länge: 25 Minuten. *Erstausstrahlung:* 12. Oktober 1970.

MY THREE SONS (Meine drei Söhne): **THE LOVE GOD**
Ausführender Produzent: Don Fedderson. *Creator:* Peter Tewksbury.
Produktion: CBS.
Darsteller: Fred MacMurray *(Steve Douglas),* Beverly Garland *(Barbara Harper, Steves zweite Frau),* Dawn Lyn *(Dodie Harper Douglas, Barbaras Tochter),* JODIE FOSTER *(Priscilla, Dodies Freundin).*
Länge: 25 Minuten. *Erstausstrahlung:* 8. Januar 1971.

THE COURTSHIP OF EDDIE'S FATHER (Eddies Vater): **THE LONELY WEEKEND**
Stab und Besetzung: s. Episode BULLY FOR YOU.
Länge: 25 Minuten. *Erstausstrahlung:* 17. Februar 1971.

GUNSMOKE (Rauchende Colts): **P. S. MURRAY CHRISTMAS** (Murrays Weihnachtsfeier)
Darsteller: s. Episode ROOTS OF FEAR.
Länge: 45 Minuten. *Erstausstrahlung:* 27. Dezember 1971.

GUNSMOKE (Rauchende Colts): **THE PREDATORS**
Regie: Bernard McEveety. *Produktion:* CBS.
Darsteller: s. Episode ROOTS OF FEAR.
Länge: 45 Minuten. *Erstausstrahlung:* 31. Januar 1972.

IRONSIDE (Der Chef): **BUBBLE, BUBBLE, TOIL AND MURDER** (Der Todesfluch)
Regie: Christian I. Nyby II. *Produktion:* NBC.
Darsteller: Raymond Burr *(Robert Ironside),* Don Galloway *(Ed Brown),* Don Mitchell *(Mark Sanger),* JODIE FOSTER.
Länge: 45 Minuten. *Erstausstrahlung:* 3. Februar 1972. *Deutsche Erstausstrahlung:* Juni 1989 (RTL).

MY THREE SONS (Meine drei Söhne): (Episodentitel unbekannt)
Stab und Besetzung: s. Episode THE LOVE GOD.
Länge: 25 Minuten. *Erstausstrahlung:* 17. Februar 1972.

BONANZA (Bonanza): **NO PLACE TO HIDE**
Creator: David Dortort. *Produktion:* NBC.
Darsteller: Lorne Greene *(Ben Cartwright),* Michael Landon *(Little Joe Cartwright),* JODIE FOSTER.
Länge: 45 Minuten. *Erstausstrahlung:* 19. März 1972.

MY SISTER HANK (Pilotfilm)

Regie: Norman Tokar. *Buch:* Ben Starr. *Produzent:* Norman Tokar. *Produktion:* CBS.

Darsteller: JODIE FOSTER *(Henrietta 'Hank' Bennett),* Pippa Scott *(Eunice Bennett, Hanks Mutter),* Jack Ging *(Willis Bennett, Hanks Vater),* Edgar Bergen *(Grandpa Bennett),* Suzanne Hillard *(Dianne Bennett, Hanks Schwester),* Todd Bass *(Arthur, Hanks Freund).*

Länge: 25 Minuten. *Erstausstrahlung:* 31. März 1972.

»Der turbulente Alltag der burschikosen Schülerin Henrietta Bennett, die von allen nur Hank gerufen wird. Hank erfährt, was es heißt, diskriminiert zu werden, als man sie nicht in die Baseballmannschaft aufnehmen will, weil sie ein Mädchen ist. Aber so leicht gibt sie sich nicht geschlagen« (Vincent Terrace: *Encyclopedia of Television Series, Pilots and Specials 1937–1973).*

THE AMAZING CHAN AND THE CHAN CLAN (Zeichentrickserie)

Regie: William Hanna, Joseph Barbera. *Zeichentrick-Regie:* Charles Nichols. *Musik:* Hoyt Curtin. *Ausführende Produzenten:* William Hanna, Joseph Barbera. *Produzent:* Alex Lovy. *Produktion:* CBS/Hanna-Barbera.

Stimmen: Keye Luke *(Charlie Chan),* Robert Ito *(Henry Chan),* Stanley Wong/Lennie Weinrib *(Stanley Chan),* Virginia Ann Lee/Cherylene Lee *(Suzie Chan),* Brian Tochi *(Alan Chan),* Leslie Kumamota/JODIE FOSTER *(Anne Chan),* Michael Takamoto/John Gunn *(Tom Chan),* Jay Jay Jue/Gene Andrusco *(Flip Chan),* Debbie Jue/Beverly Kushida *(Nancy Chan),* Leslie Kawai/Cherylene Lee *(Mimi Chan),* Robin Toma/Michael Morgan *(Scooter Chan),* Don Messick *(Chu Chu, der Hund).*

Länge: 16 x 25 Minuten. *Erstausstrahlung:* 9. September 1972 bis 22. September 1974.

Zeichentrickserie. »Charlie Chan, ein chinesischer Detektiv, hat sich auf die Aufklärung besonders verzwickter Fälle spezialisiert. Dabei hat er alle Hände voll zu tun, mit seinen zehn Kindern fertigzuwerden, die ihm unbedingt bei seiner Arbeit helfen wollen – mit zumeist katastrophalen Folgen« *(Vincent Terrace: Encyclopedia of Television Series, Pilots and Specials 1937-1973).*

THE PAUL LYNDE SHOW: TO COMMUNE OR NOT TO COMMUNE

Regie: William Asher. *Creators:* Sam Clark, Ron Bobrick. *Musik:* Shorty Rogers. *Ausführende Produzenten:* Harry Ackerman, William Asher. *Produktion:* ABC/Columbia.

Darsteller: Paul Lynde *(Paul Simms)*, Elizabeth Allen *(Martha Simms)*, JODIE FOSTER.
Länge: 25 Minuten. *Erstausstrahlung:* 11. Oktober 1972.

GHOST STORY: HOUSE OF EVIL
Regie: Daryl Duke. *Musik:* Billy Goldenberg. *Ausführender Produzent:* William Castle. *Produzent:* Joel Rogosin. *Produktion:* NBC.
Darsteller: Sebastian Cabot *(Winston Essex),* JODIE FOSTER.
Länge: 45 Minuten. *Erstausstrahlung:* 10. November 1972.
Episode aus einer 13-teiligen Serie von in sich abgeschlossenen Geschichten um übernatürliche Phänomene.

THE PARTRIDGE FAMILY (Die Partridge Familie): THE 11-YEAR ITCH
Creator: Bernard Slade. *Musik:* Hugo Montenegro. *Ausführende Produzenten:* Bob Claver, Larry Rosen. *Produktion:* ABC/Columbia.
Darsteller: Shirley Jones *(Shirley Partridge),* David Cassidy *(Keith Partridge),* Susan Dey *(Laurie Partridge),* Danny Bonaduce *(Danny Partridge),* Suzanne Crough *(Tracy Partridge),* Brian Forster *(Chris Partridge),* Bert Convy *(Richard Lawrence, Shirleys Bekannter),* JODIE FOSTER *(Julie Lawrence, Richards Tochter).*
Länge: 25 Minuten. *Erstausstrahlung:* 2. Februar 1973.

KUNG FU (Kung Fu): ALETHEA (Caine und das Mädchen mit der Mandoline)
Regie: John Badham. *Buch:* William Kelly. *Story:* Ed Spielman, Herman Miller. *Ausführender Produzent:* Jerry Thorpe. *Produktion:* Warner Bros./ABC.
Darsteller: David Carradine *(Caine),* JODIE FOSTER *(Alethea Ingram),* Charles Tyner *(Larrabee),* Kenneth Toby *(Sheriff Ingram),* Khigh Dhiegh *(Shang Tzu),* Byron Mabe *(Cranch),* William Mims *(Jezdale),* Keye Luke *(Meister Po).*
Länge: 50 Minuten. *Erstausstrahlung:* 15. März 1973. *Deutsche Erstausstrahlung:* 3. Januar 1976 (ZDF).
Caine gelangt auf seiner Wanderung durch den Wilden Westen zu einer Postkutschenstation. Dort trifft er ein kleines Mädchen, Alethea. Sie spielt auf einer Mandoline, während sie auf die Postkutsche wartet. Caine, dem ihr Spiel gefällt, leistet ihr Gesellschaft. Als die Kutsche kommt, wird sie von zwei Banditen überfallen. Kurz bevor der Kutscher erschossen wird, wirft er Caine, der zufällig neben dem Wagen steht, seinen Revolver zu. Für Alethea, die aus einem Versteck heraus Zeuge des Überfalls wird, entsteht der Eindruck, daß Caine der Mörder war.

Das Mädchen schildert das, was sie für die Wahrheit hält, ihrem Onkel, dem Sheriff, und der sperrt Caine daraufhin ein. Ihm wird der Prozeß gemacht, und aufgrund der Aussage Aletheas wird er zum Tode verurteilt. Das Mädchen, das Caine trotz allem sehr gern hat, revidiert wider besseren Wissens kurz vor der Hinrichtung seine Aussage, und Caine muß freigelassen werden. Jetzt möchte er Alethea jedoch davon überzeugen, daß er wirklich unschuldig ist und sie nicht gelogen hat, als sie ihn vor dem Galgen rettete. Er macht sich also auf die Suche nach den beiden geflohenen Banditen.

ABC AFTERSCHOOL SPECIAL: ALEXANDER
Produktion: ABC. *Länge:* 45 Minuten. *Erstausstrahlung:* 4. April 1973.

THE ADDAMS FAMILY (Zeichentrickserie)
Regie: Charles A. Nichols. *Musik:* Hoyt Curtin. *Ausführende Produzenten:* William Hanna, Joseph Barbera. *Produzent:* Iwao Takamoto. *Produktion:* NBC.
Stimmen: Janet Waldo *(Morticia Addams),* Lennie Weinrib *(Gomez Addams),* Cindy Henderson *(Wednesday Addams),* JODIE FOSTER *(Pugsley Addams),* Jackie Coogan *(Onkel Fester),* Ted Cassidy *(Butler Lurch),* Janet Waldo *(Grandmama).*
Länge: 37 x 25 Minuten. *Erstausstrahlung:* 8. September 1973 bis 30. August 1975.

BOB & CAROL & TED & ALICE (Serie)
Regie: Rick Edelstein. *Buch:* David Lloyd, Rick Mittleman, Bernard M. Kahn. *Creators:* Larry Rosen, Larry Tucker. *Kamera:* Meredith Nicholson. *Musik:* Artie Butler. Bauten: Ross Bellah. *Ausführender Produzent:* Mike Frankovich. *Produzent:* Jim Henerson. *Koproduzentin:* Rita Dillon. *Produktion:* ABC/Columbia/M. J. Frankovich.
Darsteller: Robert Urich *(Bob Sanders, Filmregisseur),* Anne Archer *(Carol Sanders, Bobs Frau),* David Spielberg *(Ted Henderson, Anwalt),* Anita Gillette *(Alice Henderson, Teds Frau),* JODIE FOSTER *(Elizabeth Henderson, Teds Tochter),* Brad Savage *(Sean Sanders, Bobs Sohn).*
Länge: 7 x 25 Minuten. *Erstausstrahlung:* 26. September bis 7. November 1973.
»Komödie. Die Serie spielt in Los Angeles, und es geht um zwei Familien, die Sanders, ein junges, progressives Paar Ende 20, und die Hendersons, ein etwas älteres, konservatives Paar Mitte 30. Die einzelnen Episoden drehen sich um Ereignisse und Situationen, in denen ihre Reaktionen, ihre Wertvorstellungen und ihre Ehen auf die Probe gestellt

werden. Basierend auf dem gleichnamigen Kinofilm« (Vincent Terrace: *Encyclopedia of Television Series, Pilots and Specials 1937–1973*).

THE NEW ADVENTURES OF PERRY MASON: THE CASE OF THE DEADLY DEEDS

Musik: Earl Hagen. *Ausführender Produzent:* Cornwell Jackson. *Produzenten:* Ernie Frankel, Art Seid. *Produktion:* CBS.
Darsteller: Monte Markham *(Perry Mason)*, JODIE FOSTER.
Länge: 45 Minuten. *Erstausstrahlung:* 21. Oktober 1973.

LOVE STORY: THE YOUNGEST LOVERS

Musik: David Shire, Peter Matz. *Titelmelodie:* Francis Lai. *Produzent:* George Schaefer. *Produktion:* NBC/Paramount.
Darsteller: JODIE FOSTER.
Länge: 45 Minuten. *Erstausstrahlung:* 19. Dezember 1973.
In sich abgeschlossene Episode aus einer 13-teiligen Serie um Liebespaare.

PAPER MOON (Papermoon) (Serie)

Nach Motiven des Romans »Addie Pray« von Joe David Brown. *Kamera:* Lester Shorr, Al Francis. *Titelthema:* »It's Only a Paper Moon« von Harold Arlen, Yip Harburg, Billy Rose. *Ausführender Produzent:* Anthony Wilson. *Produzent:* Robert Stambler. *Produktion:* Paramount/The Director's Company.
Starring Christopher Connelly *(Moses Pray)*, JODIE FOSTER *(Addie Pray)*.
Länge: 13 x 25 Minuten. *Erstausstrahlung:* 12. September 1974 bis 2. Januar 1975 (ABC).
In den Episoden, die alle in sich abgeschlossen sind, wird gezeigt, wie sich während der Depression in den dreißiger Jahren der Bibelverkäufer Moses Pray und seine elfjährige Tochter Addie nach dem Tod von Addies Mutter durchschlagen. Sie verkaufen Bibeln an gerade verwitwete Frauen mit der Behauptung, der verstorbene Ehemann hätte sie kurz vor seinem Tode bestellt, und versuchen, sich mit anderen kleinen Betrügereien über Wasser zu halten. Dabei fallen sie aber fast immer in die Hände von noch raffinierteren Betrügern, die ihnen ihr ergaunertes Geld wieder abnehmen. Sie lassen sich dadurch weder entmutigen noch zu größeren Schwindeleien verleiten, sondern wollen in diesen schweren Zeiten nur überleben, weiter nichts.

1. SECOND PRICE (Der zweite Preis)
Regie: Donald Wrye. *Buch:* Carol Sobieski.

Guest Starring Lou Frizzell *(Diakon),* Burton Gilliam *(Schreiber),* Kay E. Kuter *(Sheriff),* Peggy Read *(Mrs. Puckett),* John Lormer *(Bauer).*
Deutsche Erstausstrahlung: 18. Januar 1976 (ZDF).
Moses verläßt die protestierende Addie in ihrem Hotelzimmer im Grand Levee Hotel, damit sie sich für einen Talentwettbewerb herausputzt, während er dem Diakon, der der Preisrichter ist, eine kostenlose Bibel mit seinem Namen in Gold anbietet als Austausch für den Preis, den er notwendig braucht. Moses' Schwierigkeiten fangen aber erst an, als er bemerkt, daß er kein Blattgold mehr hat.

2. LONG DIVISION (Immer Ärger mit den Rechenaufgaben)
Regie: Jack Shea. *Buch:* Pamela Herbert Chais.
Guest Starring Lawrence Pressman *(Gordon Van Waggoner),* Mary Jane Hampton *(Mrs. Mowbry),* Vern Porter *(Mr. Owens).*
Deutsche Erstausstrahlung: 25. Januar 1976 (ZDF).
Bei einer Essenspause in einem Kleinstadtrestaurant versucht Moses, Addie zu überzeugen, daß sie bei ihrer Tante bleiben sollte, damit sie gründlich Rechnen lernt. Addie will genauso hartnäckig Moses beweisen, daß sie es schon gut genug kann. Gerade als sie das Lokal verlassen wollen, beobachtet Addie einen distinguierten Herrn, der dem Lokalbesitzer klarmachen will, daß er sein Essen nicht bezahlen kann. Für Addie ist es offensichtlich, daß der Fremde ein Mann von sehr guter Erziehung ist. Sie meint, es sei eine Möglichkeit, bei Moses zu bleiben, wenn sie den Fremden als Lehrer mit auf ihre Reise nehmen. Moses ist einverstanden, bis ihr neuer Partner versucht, den Bibeltrick zu übernehmen.

3. THE BIRTHDAY (Rückruf vom Präsidenten)
Regie: Jack Shea. *Buch:* Alvin Sargent.
Guest Starring Lucille Benson *(Clara),* Iggie Wolfington *(Bürgermeister).*
Deutsche Erstausstrahlung: 1. Februar 1976 (ZDF).
Addie besteht an ihrem Geburtstag darauf, den amtierenden Präsidenten der Vereinigten Staaten, Roosevelt, anzurufen. Natürlich gelingt es Moses nicht, sie von diesem Vorhaben abzubringen und damit vor – wie er meint – unausweichlicher Enttäuschung zu bewahren. Von einer kleinen Poststation aus gelingt es zunächst nur, bis zu einem von Roosevelts Sekretären durchzukommen. Die sich inzwischen angesammelte Menge ist genauso enttäuscht wie Addie. Doch gerade noch rechtzeitig kommt der Rückruf vom Präsidenten. Man spricht von Hoffnung, besserer Zukunft und einer günstigeren Arbeitssituation. Und alle Zuhörer sind ermutigt und zufrieden. Außerdem gelingt es Moses durch diesen Aufwand, zwei kräftigen Männern zu entkommen, die ihm ein Stelldichein mit deren Schwester verübeln.

PAPER MOON: Jodie Foster, Christopher Connelly

4. Settling (Ein eigenes Heim)
Regie: James Frawley. *Buch:* Alvin Sargent.
Guest Starring Jacques Hampton *(Mann Nr. 1),* Harry Geldard *(Hataway),* Ed Mullaney *(Big Ben).*
Deutsche Erstausstrahlung: 8. Februar 1976 (ZDF).
Addie will den unruhigen Moses davon überzeugen, daß es besser sei, endlich ein Heim zu finden. Er gibt nach, als sie ein Haus sieht, das von einer Bank verkauft wird, weil der Eigentümer tot sein soll. Moses warnt Addie, daß er vielleicht einige Zeit im Gefängnis verbringen müsse, als er jetzt einen großen Schwindel aufzieht, um in den Besitz des Hauses zu kommen. Addies Traum von einem Fleck Erde, zu dem sie gehört, scheint sich zu erfüllen, als sie die Schule findet und die Lehrerin sie auffordert, in die Klasse zu kommen.

5. The Imposter (Die falsche Enkelin)
Regie: James Frawley. *Buch:* Carol Sobieski.
Guest Starring David Huddleston *(Sheriff),* Don Clippinger *(Nils),* Jeff Corey *(Jeb Crew),* Henry Wolf *(Rupert).*
Deutsche Erstausstrahlung: 15. Februar 1976 (ZDF).
Moses erfährt aus einer örtlichen Zeitung, daß die seit sieben Jahren vermißte Enkelin des Millionärs Jeb Crew etwa Addies Alter haben müßte. Dann verwandelt er seine elfjährige Partnerin in das vermißte Mädchen und bringt ihr die richtige Sprache bei. Moses läßt sich dann vom Sheriff verhaften, der der Meinung ist, er habe Crews Enkelin gefunden.

6. The Manly Art (Boxkampf wider Willen)
Regie: Jerry Paris. *Buch:* George Kirgo.
Guest Starring Rick Hurst *(Lightning John McGraw),* Barry Hamilton *(Orville),* Harlan Knudson *(Mayor Sam).*
Deutsche Erstausstrahlung: 22. Februar 1976 (ZDF).
Als Moses im Lokal The Manly Art einkehrt, um etwas zu essen, sieht er einen Spielsalon und beschließt, bei ein paar ehrlichen Spielchen einige Dollars für sich und seine Tochter Addie zu verdienen. Das hätte er aber besser nicht getan, denn damit gerät er in ziemliche Schwierigkeiten. Damit Moses aber wieder zu seinem Geld kommt, das ihm beim Kartenspiel abgenommen wurde, verschafft Addie ihm die Gelegenheit, an einem Boxkampf mit einem Mann teilzunehmen, der noch nie einen Kampf verloren hat.

7. Green Goods (Betrogene Betrüger)
Regie: Jerry Paris. *Buch:* E.V. Cunningham.
Guest Starring Jeff Donnell *(Mrs. Carson),* Ken Swofford *(Angus).*
Deutsche Erstausstrahlung: 29. Februar 1976 (ZDF).

Moses und Addie fliehen vor dem Sheriff, nachdem ein Ladenbesitzer leider zu schnell bemerkt hatte, daß er das Opfer eines ihrer Verwandlungs-Tricks geworden war. In ihrem in einem Weizenfeld versteckten Wagen liest Moses die Todesanzeigen aus der nächsten Stadt. Addie meint, sie sollten lieber über die Staatsgrenze fahren, damit sie der Sheriff nicht mehr erwischen kann, aber Moses besteht darauf, daß sie wenigstens noch eine Bibel verkaufen müssen, damit sie genug Geld für den Weg zusammenkriegen. Gegen Addies guten Rat steckt Moses seinen Goldzahn an, und sie suchen Mrs. Carson auf, eine fröhliche alte Witwe, die darauf besteht, daß sie eine Weile bleiben und mit ihr ihren frischen Apfelkuchen essen sollen. Moses verkauft ihr die Bibel, und sie bezahlt mit nagelneuen Banknoten, Goldzertifikaten, die von Präsident Roosevelt persönlich abgerufen sind. Aber mit diesen seltenen Zahlungsmitteln kommen sie noch in arge Bedrängnis.

8. BONNIE AND CLYDE (Bonnie und Clyde)
Regie: James Frawley. *Buch:* Juanita Bartlett.
Guest Starring Robert F. Lyons *(Clyde Barrow),* Linda Haynes *(Bonnie Parker).*
Deutsche Erstausstrahlung: 7. März 1976 (ZDF).
Moses und Addie machen zum Tanken Station in Grangerville und finden heraus, daß der berühmteste Einwohner dort der Onkel der Revolverlady Bonnie Parker ist. Außerdem erfahren sie, daß Bonnie und Clyde öfter mal ihren Lieblingsverwandten besuchen. Addie ahnt, daß ihnen Fürchterliches bevorsteht. Moses, der sich ein paar neue Sachen zum Anziehen besorgen will, macht den Leuten aus der Stadt weis, er sei ein Vorbote für den heimlichen Besuch des berühmten Duos, der nachprüfen soll, ob alles für ihre Ankunft vorbereitet ist. Als Bonnie und Clyde dann tatsächlich auftauchen und außerdem noch Bonnies Onkel plötzlich verstorben ist, kommt es zu allerlei Aufregungen.

9. WHO IS M. P. SELLERS? (Wer ist M.P. Sellers?)
Regie: James Frawley. *Buch:* Howard Rayfiel.
Guest Starring Jim McMechan *(Angestellter),* W.A. Muchow *(Pfarrer Prather).*
Deutsche Erstausstrahlung: 14. März 1976 (ZDF).
Moses Pray ist unterwegs, um eine längst fällige Schuld zu kassieren. Addie läßt die Angelegenheit ziemlich kalt, bis ihr Moses erzählt, daß sie sich auf dem Weg nach Ophelia, Addies Geburtsort, befinden. Addie beginnt, auf eigene Faust Untersuchungen darüber anzustellen, ob Moses wirklich ihr Vater ist. Sie findet heraus, daß bei ihrer Geburt der Name M.P. Sellers als ihr Vater eingetragen wurde. Außerdem erfährt sie, daß in der Gemeinde Ophelia früher häufig der Name Sellers anstelle des

richtigen Namens angegeben wurde. Die Anfangsbuchstaben M.P. können ebensogut für Moses Pray wie für einen gewissen Maury Prather stehen. Addie möchte unbedingt die Wahrheit ans Licht bringen.

10. GIMME THAT OLD TIME RELATION (Die Bekehrung)
Regie: Herschel Daugherty. *Buch:* Mary Kay Place, Linda Bloodworth.
Guest Starring Ronnie Claire Edwards *(Beula Sperry),* Nellie Bellflower *(Twyla Sperry),* P. J. Johnson *(Imogene).*
Deutsche Erstausstrahlung: 21. März 1976 (ZDF).
Moses und Addie bleiben auf ihrem Ausflug zum Grand Canyon mit einem Motorschaden liegen. Moses schiebt das Auto bis zu einer Wanderpredigerveranstaltung, in der Hoffnung, dort das dringend benötigte Benzin ausleihen zu können. Auf frischer Tat ertappt, beschwatzt er Beula Sperry, die Predigerin. Moses und Addie schließen sich der Gruppe an. Dort entdecken sie ihre alte Freundin Imogene, die ein Mitglied der Gemeinde ist, und finden außerdem heraus, daß die ganze Bewegung ein Riesenschwindel ist. Imogene möchte weg, denn sie wird dazu benutzt, die Zuhörer hereinzulegen. Moses und Addie möchten sich auch davonmachen, aber die Sache wird schwierig, als sie versuchen, Imogene zu retten.

11. VISIONS OF LAS VEGAS (Ein Traum von Las Vegas)
Regie: James Frawley. *Buch:* Robert Foster.
Guest Starring Strother Martin *(Harry),* Vern Porter *(FBI-Agent).*
Deutsche Erstausstrahlung: 28. März 1976 (ZDF).
Moses und Addie, die sich auf dem Weg nach Chicago zur Weltausstellung befinden, übernachten in einer kleinen Stadt. Moses hat Addie versprochen, nicht zu arbeiten und einmal richtig Ferien zu machen. Sie haben etwas über 1000 Dollar gespart, das ist mehr Geld, als sie jemals in ihrem Leben besessen haben. Aus purer Gewohnheit liest Moses die Todesanzeigen des Lokalblattes durch und entdeckt dabei, daß Harry Bindby, sein Lehrmeister, gestorben ist und am nächsten Tag beerdigt wird. Sie gehen zur Beerdigungsfeier, und zum Erstaunen von Moses erkennt er unter den Anwesenden den angeblich Verstorbenen. Sie gehen der Sache auf den Grund und entdecken hinter allem eine schlimme Gaunerei.

12. THE HARVEST (Erntehelfer)
Regie: Alex March. *Buch:* Bill Stratton.
Guest Starring Bert Freed *(Buffalo Ed Tillman),* Don Wyse *(Emric Kirkhoff),* John Galt *(Perrywinkle),* Bobby Price *(Bufford).*
Deutsche Erstausstrahlung: 4. April 1976 (ZDF).
Während eines Aufenthaltes, der lange genug dauerte, um Addie einen unfreiwilligen, aber notwendigen Besuch beim Zahnarzt machen zu

lassen, glaubt Moses an ein leichtes Geschäft, als der wohlhabend aussehende Buffalo Ed Tillman vor der Praxis des Zahnarztes haltmacht. Moses versucht, ihn hereinzulegen, doch Buffalo erwischt ihn dabei. Buffalo glaubt nicht an Moses' Erklärung, doch er ist so beeindruckt von seiner Redegewandtheit, daß er Moses einen Job als Vorarbeiter in seiner Erntemannschaft anbietet, statt ihn beim Sheriff anzuzeigen. Aber Moses wäre nicht Moses, wenn er sich als normaler Erntehelfer verdingen ließe.

13. DAY OFF (Ein Tag zum Nachdenken)
Regie: Herb Wallerstein, James Frawley. *Buch:* Alvin Sargent.
Guest Starring Anthony Zerbe *(Lehrer),* Robert Emhardt *(Herr aus den Südstaaten).*
Deutsche Erstausstrahlung: 11. April 1976 (ZDF).
Moses und Addie, die unterwegs sind, um eine neue Sendung Bibeln abzuholen, sehen sich dabei ein bißchen die Gegend an. Als sie eine Nacht im Freien campen, taucht plötzlich wie aus dem Nichts ein Mann auf und fängt – in der Absicht, etwas zu verkaufen – ein Gespräch mit ihnen an. Aus irgendeinem Grund hat Addie vor dem harmlos aussehenden alten Herrn Angst, und sie besteht darauf, daß Moses mit ihr das Lager verläßt und in ein Hotel geht. Moses versteht sie zwar nicht, doch er sieht, daß sie wirklich große Angst hat. Addie fragt sich auf einmal, ob ihre Art zu leben richtig ist, und sie beschließt, sich einen Tag frei zu nehmen, um darüber nachzudenken. Obwohl ihr Moses erklärt, daß sich noch niemand an einem einzigen freien Tag über das Leben klargeworden sei, besteht sie darauf. Während sich Moses auf den Weg macht, um die Bibeln abzuholen, spaziert Addie umher und gelangt in ein Klassenzimmer, wo sie wie gebannt dem logischen Vortrag eines Lehrers lauscht. Nach diesem einen Tag in der Schule kehrt sie zu Moses zurück und stellt ihm Fragen über das Leben.

MEDICAL CENTER: CAPTIVES
Musik: Lalo Schifrin. *Ausführende Produzenten:* Frank Glicksman, Al C. Ward. *Produzent:* Don Brinkley. *Produktion:* CBS.
Darsteller: James Daly *(Dr. Paul Lochner),* Chad Everett *(Dr. Joe Gannon),* JODIE FOSTER.
Länge: 45 Minuten. *Erstausstrahlung:* 13. Januar 1975.

ABC AFTERSCHOOL SPECIAL: THE SECRET LIFE OF T. K. DEARING (Das Doppelleben der Jackie Dearing)
Regie: Harry Harris. *Buch:* Bob Rodgers. *Produktion:* ABC/Daniel Wilson Productions.
Darsteller: JODIE FOSTER *(T.K. Dearing),* Eduard Franz *(Grandpa Kin-*

THE SECRET LIFE OF T. K. DEARING: Brian Wood, Jodie Foster, Eduard Franz

dermann), Leonard Stone *(Walter)*, Zoey Karant *(Ruth)*, Brian Wood *(Potato Tom)*, Michael Link *(Alvin)*, Brian Part *(Dugger)*, Tierre Turner *(Jerry)*.
Länge: 45 Minuten. *Erstausstrahlung:* 23. April 1975. *Deutsche Erstausstrahlung:* 31. Dezember 1978 (ZDF).
Jackie Dearing ist das einzige weibliche Mitglied des geheimen Clubs der Piraten, denn sie ist die einzige, die ein eigenes Zimmer hat, in dem sie das geheime Logbuch der Piraten versteckt. Jackie ist aufgebracht, als ihr Großvater Kindermann ankommt, um bei der Familie zu wohnen, und dabei Jackies Mitgliedschaft in dem geheimen Piraten-Club entdeckt. Die Lage spitzt sich zu, als der Großvater auch in den Club eintreten will und sich außerdem Potato Toms annimmt, dem geschworenen Feind der Buccaneers.

NBC'S SATURDAY NIGHT LIFE
NBC. *Erstausstrahlung:* 27. November 1976.

WHO'S WHO: JODIE FOSTER – PROFILE OF THE YOUNG ACTRESS
CBS. *Erstausstrahlung:* 25. Januar 1977.

212

THE SECRET LIFE OF T. K. DEARING: Eduard Franz, Brian Wood, Jodie Foster

ABC AFTERSCHOOL SPECIAL: ROOKIE OF THE YEAR
(Das Spiel des Jahres)
Regie: Larry Elikann. *Buch:* nach dem Roman »Not Bad for a Girl« von Isabella Taves. *Produktion:* ABC/Daniel Wilson Productions.
Darsteller: JODIE FOSTER *(Sharon Lee),* Ned Wilson *(Coach Shafer),* Dannis McKiernan *(Mark),* David Perkins *(Charlie),* Steve Gustafson *(Ralph),* Michael Schear *(Paul),* Barbara Andres *(Mutter),* Ken Kimmins *(Vater).*
Länge: 45 Minuten. *Erstausstrahlung:* 8. Oktober 1977. *Deutsche Erstausstrahlung:* 15. Juli 1978 (ZDF).
Sharon Lee ist ein unbekümmertes junges Mädchen, das Baseball, den amerikanischen Nationalsport, zu ihrem Hobby erkoren hat. Eifrig trainiert sie in der Mannschaft ihres Bruders. Sie spielt besser als mancher Junge. Als sich eines Tages ein Spieler die Hand verstaucht, steht kein Ersatzmann zur Verfügung, und so stellt der Trainer Sharon für das nächste Ausscheidungsspiel auf. Natürlich gibt das böses Blut – ein Mädchen in einem Baseballteam hat es bisher noch nie gegeben. Sharon fällt nicht nur die schwere Aufgabe zu, ihrem Team zum Sieg zu verhelfen; sie muß auch die Vorurteile der Erwachsenen und einiger ihrer Kameraden überwinden. Selbst ihr Bruder, der Sharon als Trainingspartnerin schätzte, sieht in ihr jetzt eine Konkurrentin.

Rookie of the Year: Jodie Foster, Ned Wilson

214

HANDS OF TIME
Regie und Buch: JODIE FOSTER. *Produktion:* Time-Life/BBC. *Erstausstrahlung:* 20. März 1978.
Kurzfilm, gedreht für den Time-Life/BBC-Dokumentarfilm AMERICANS.

WEST 57th: THE REAL JODIE FOSTER
CBS. *Erstausstrahlung:* 24. März 1989.

ENTERTAINMENT TONIGHT: FORMER CHILD STARS
Erstausstrahlung: 10. August 1989.

ASPEKTE EXTRA: JODIE FOSTER
Regie und Buch: Bernhard von Dadelsen. *Produktion:* Zweites Deutsches Fernsehen. *Erstausstrahlung:* 4. Februar 1992 (ZDF).

c) Sonstiges

IT WAS A WONDERFUL LIFE
USA 1992
Regie und Buch: Michèle Ohayon. *Kamera:* Theo van de Sande, Jacek Laskus, Bruce Ready. *Musik:* Melissa Etheridge. *Schnitt:* Anne Stein, Lisa Leeman. *Ton:* Margaret Duke, Giovanni Di Simone. *Ausführende Produzenten:* Elisa Rothstein, Kimberly Marteau. *Koproduzentin:* Patricia Braun. *Produzentinnen:* Tamar E. Glaser, Michèle Ohayon. *Produktion:* Cinewoman.
Sprecherin: JODIE FOSTER.
Länge: 82 Minuten. *Format:* 16 mm Farbe. *Uraufführung:* Oktober 1992 (Denver International Film Festival).
Dokumentarfilm über sechs Frauen, ihren Überlebenskampf und ihre Suche nach einem Platz in einer Gesellschaft, die sich schwer tut, sogenannte Verlierer aufzufangen. Nach Scheidung, Jobverlust oder Krankheit in finanzielle Nöte geraten, zählen diese Frauen zu jenen gerne übersehenen entwurzelten Menschen, für die das Leben zum bloßen Überlebenskampf geworden ist. – Jodie Foster erklärte sich bereit, ohne Gage den Kommentar des Films zu sprechen.

Bibliographie

TEXTE VON JODIE FOSTER

Has Jodie Foster Lost Her Mind? In: Esquire, Oktober 1980. S. 40.
»This… thing… you portray onscreen.« Nastassia Kinski interviewed by Jodie Foster. In: Film Comment, September/Oktober 1982. S. 50.
Why Me? In: Esquire, Dezember 1982. S. 101-108.

ÜBER JODIE FOSTER

a) Bücher, Buchkapitel und Broschüren

Freshman, Phil (Ed.): Jodie Foster: Growing up On-Screen. A Retrospective organized by the Walker Art Center. Minneapolis 1991.
Segrave, Kerry & Martin, Linda: Jodie Foster. In: The Post-Feminist Hollywood Actress. Biographies and Filmographies of Stars Born After 1939. McFarlane & Company, Jefferson/N.C. 1990. S. 273–79.
Watanabe, Shoko (Hg.): Shojo Blues – Jodie Foster. Cinealbum 59. Akira Hoga Bookstore, Japan 1977.

b) Artikel und Interviews

Anon.: Hooker Hooked. In: Time, 23. Februar 1976. S. 49.
Anon.: O je, die Jodie. In: Stern, Nr. 23, 26. Mai 1977. S. 26–28.
Anon.: Is He Crazy About Her? In: Time, 12. Oktober 1981. S. 30.
Anon.: Jodie Foster: Movie Star at 15. In: Seventeen, Februar 1978. S. 112–115.
Berger, Arion: Wunderkind. In: Harper's Bazaar (am.), November 1991. S. 124–25+.
Cameron, Julia: Burden of the Gift. In: American Film, November/Dezember 1991. S. 44–48.
Corliss, Richard: A Screen Gem Turns Director. In: Time, 14. Oktober 1991. S. 68–72.
Chaillet, Jean-Paul: La Maman du petit génie. In: Première, Februar 1992. S. 71–74.
d'Yvoire, Christophe: Jodie Foster – Les années lumière. In: Studio Magazine, Januar 1992. S. 102–106.
Ferry, Jeff: Als Opfer heiß begehrt. In: Cosmopolitan, Januar 1989. S. 62–66.
Fischer, Robert: »Es gibt keinen Grund, das Publikum zu verachten«. In: epd Film, März 1993. S. 14–19.
Frydman, Serge: Moi fleur bleue. In: Première, Nr. 9, September 1977. S. 8–12.
Grobel, Lawrence: Anything Is Possible. In: Movieline, Oktober 1991. S. 28–33+.
Horton, Robert: Life Upside Down (Drehbericht zu LITTLE MAN TATE). In: Film Comment, Januar/Februar 1991. S. 38–39.
Hirshey, Gerri: Jodie Foster. In: Rolling Stone, 21. März 1991. S. 34–41+.

216

Karasek, Hellmuth & Sorge, Helmut: »Der Preis der Sinnlichkeit«. In: Der Spiegel, Nr. 6, 3. Februar 1992. S. 190–94.

Lang, Michael: Höhenflug in Hollywood. In: Zoom, März 1992. S. 6–8.

Lerner, Michael A.: American Original. In: Interview, September 1989. S. 69–72.

Maychick, Diana: The Prime of Miss Jodie Foster. In: Mademoiselle, September 1987. S. 144.

Miller, Edwin: Here Comes Jodie Foster! In: Seventeen, Januar 1977. S. 64–66.

Miller, Linda R.: Victor of Circumstances. In: American Film, Oktober 1988. S. 27–31.

Morganthau, Tom: Jodie Foster: ›Why Me?‹. In: Newsweek, 8. November 1982. S. 34.

Murphy, Ryan P.: Ms. Understood. In: Exosure, Juli/August 1989. S. 107–111.

Peters, Susan: Educating Jodie. In: Life, September 1987. S. 81–82.

Rich, B. Ruby: Jodie Foster: Growing up On-Screen. In: Freshman, Phil (Ed.): dto., Minneapolis 1991 (s. Eintrag unter »Bücher und Broschüren«).

Rich, B. Ruby: Nobody's Handmaid. In: Sight and Sound, Dezember 1991. S. 7–10.

Schruers, Fred: A Kind of Redemption. In: Premiere, März 1991. S. 51–57.

Segell, Michael: What's Driving Miss Jodie? In: Redbook, November 1991. S. 77–79+.

Sischy, Ingrid: Jodie Foster – The One and Only. In: Interview, Oktober 1991. S. 79–84.

Warhol, Andy: Jodie Foster – new femme fatale. In: Andy Warhol's Interview, Januar 1977. S. 6–8.

Wiener, Thomas: Carny – Bozo Meets Girl. In: American Film, März 1980. S. 26–29+.

Yakir, Dan: Jodie Foster. In: Interview, August 1987. S. 44–52.

Young, Tracy: Movies/Jodie Foster. In: Vogue (am.), Februar 1991. S. 210–214.

c) Kritiken

Braun, Eric: Candleshoe. In: Films and Filming, April 1978. S. 38–39.

Cart.: Carny. In: Variety, 21. Mai 1980.

Cart.: O'Hara's Wife. In: Variety, 15. Dezember 1982.

Dempsey, Michael: Taxi Driver. In: Film Quarterly, Sommer 1976. S. 37–41.

Dörrie, Doris: Ganz schön gruselig (über THE LITTLE GIRL WHO LIVES DOWN THE LANE). In: Süddeutsche Zeitung, 15. April 1977.

Fischer, Robert: Etwas zerbricht (über THE ACCUSED). In: (Berlinale-)Journal, 13. Februar 1989. S. 6.

Fischer, Robert: (über STEALING HOME). In: Lui, Juli 1989.

Fischer, Robert: Die Faszination des Bösen (über THE SILENCE OF THE LAMBS). In: (Berlinale)Journal, 23. Februar 1991. S. 4.

Fischer, Robert: SOMMERSBY. In: epd Film, März 1993. S. 33.

Jeremias, Brigitte: Horror einer Kindheit (über THE LITTLE GIRL WHO LIVES DOWN THE LANE). In: Frankfurter Allgemeine Zeitung, 14. April 1977.

Kael, Pauline: Underground Man (über TAXI DRIVER). In: The New Yorker, 9. Februar 1976. S. 82–85.

Karasek, Hellmuth: New Yorker Heldensage (über TAXI DRIVER). In: Der Spiegel, 4. Oktober 1976. S. 213–14

Knorr, Wolfram: Bugsy Malone. In: Zoom Filmberater, Nr. 11, 2. Juni 1977. S. 22–23.

Kroll, Jack: Hackie in Hell (über TAXI DRIVER). In: Newsweek, 1. März 1976. S. 49–50.

Legrand, Gérard: Le Sang des autres. In: Positif, Nr. 281/82, Juli/August 1984. S. 121–22.

Limmer, Wolfgang: Emanzipierte Lolita (über THE LITTLE GIRL WHO LIVES DOWN THE LANE). In: Der Spiegel, Nr. 18, 1977.

Mack.: Echoes of a Summer. In: Variety, 4. Februar 1976.

Milne, Tom: Freaky Friday. In: Monthly Film Bulletin, April 1977. S. 69.

Mosk.: Moi, Fleur Bleue. In: Variety, 16. November 1977.

Thompson, Kenneth: Napoleon and Samantha. In: Monthly Film Bulletin, August 1972. S. 168.

Villien, Bruno: Le Sang des autres. In: Cinématographe, Nr. 100, Mai 1984. S. 128.

d) Nachschlagewerke

Klünder, Achim: Lexikon der Fernsehspiele 1978–1987, Bd. I–III. K. G. Saur Verlag, München 1991.

Nash, Jay Robert & Ross, Stanley Ralph: The Motion Picture Guide 1927–1983. Cinebooks, Chicago 1986.

Parrish, James Robert & Terrace, Vincent: The Complete Actors' Television Credits, 1948–1988, Volume 2: Actresses. The Scarecrow Press, Metuchen, N.J., und London 1990. S. 122–23.

Terrace, Vincent: Encyclopedia of Television Series, Pilots and Specials 1937–1973. New York Zoetrope, New York 1986.

Terrace, Vincent: Encyclopedia of Television Series, Pilots and Specials 1974–1984. New York Zoetrope, New York 1985.

e) Sonstiges

Gallagher, John Andrew: *Film Directors on Directing*, (darin: Interviews mit Adrian Lyne und Tony Bill). Praeger, New York 1989.

Maltin, Leonard: Movie and Video Guide 1993. Signet, New York 1992.

Neues Film-Programm (Wien) Nr. 7988: Strandgeflüster. August 1983.

Wicking, Christopher & Vahimagi, Tise: The American Vein. Directors and Directions in Television. Talisman Books, London 1979.

Danksagung

Für Rat und Tat möchte ich mich bei meinen Freunden Nina Becker, Martin Blaney, Jörg Etzel, Achim Forst, Ira von Gienanth, Christiane Harris, Klaus-Peter Heß, Hans Kohl, Anna Kreppel-Bruins, Susanne und Thomas Kuchenreuther, Paula Longendyke, Molto Menz, Gerhard Midding, Harald Pauli, Milan Pavlovié, Kevin Rafferty, Frank Schnelle, Rudy Tjio und Jimmy Vogler ganz besonders herzlich bedanken.

Weitere Hilfe kam von Graham Fuller (Interview Magazine, New York), Manfred Heine (Brilon), Kerstin Hintze (Columbia TriStar Video, München), Erinna Laffey (British Film Institute, London), Tanja Müller (Buena Vista, München), Hitoshi Oguchi (Frankfurt/M.), Jef Nuyts (Adriana Chiesa Enterprises, Rom), Birgit Pfeiffer (VMP Video, München), Uschi Schmidt (Concorde Video, München), Claudius Seidl (Der Spiegel, Hamburg), Viktoria Sempf (Fox Video, Neu Isenburg), Hans-Jürgen Tast (Schellerten) und Heinz-Werner Wedekind (Schellerten).

Dank an Bernhard von Dadelsen für seinen Anteil am Interview. Und wie immer: Françoise, Laura und Julie.

Fotonachweis

Adriana Chiesa Enterprises: 120, 121, 122
Columbia Tri Star: 25 (oben), 31, 33, 35, 39, 89, 91, 163–175
Concorde Film: 83, 146, 147
Concorde Video: 159, 161, 162
Filmwelt: 85, 148, 149, 150, 151
Fox Video: 79, 135, 136
Archiv Klaus-Peter Heß: 15
Manfred Heine: 71, 125
VMP Video: 145
Warner Bros.: 25 (unten), 26, 29, 177, 178, 179

Archiv Robert Fischer: alle übrigen Abbildungen

Register

(*Kursive* Ziffern verweisen auf Abbildungen)